阜新市博物馆文物精粹

主　编　　朱　蕾

副主编　　刘德刚

辽宁大学出版社

图书在版编目（CIP）数据

阜新市博物馆文物精粹/朱蕾主编. 一沈阳：辽
宁大学出版社，2017.4
ISBN 978-7-5610-8622-3

Ⅰ.①阜…　Ⅱ.①朱…　Ⅲ.①博物馆－历史文物－介
绍－阜新　Ⅳ.①K872.313

中国版本图书馆 CIP 数据核字（2017）第 100626 号

阜新市博物馆文物精粹
FUXINSHI BOWUGUAN WENWU JINGCUI

出　版　者：辽宁大学出版社有限责任公司
　　　　　　（地址：沈阳市皇姑区崇山中路 66 号　　邮政编码：110036）
印　刷　者：阜新翔岳民族印刷厂
发　行　者：辽宁大学出版社有限责任公司
幅面尺寸：210mm×285mm
印　　　张：21.25
字　　　数：380 千字
出版时间：2017 年 4 月第 1 版
印刷时间：2017 年 5 月第 1 次印刷
责任编辑：黄　铮
封面设计：刘　杨
责任校对：单　月

书　　　号：ISBN 978-7-5610-8622-3
定　　　价：380.00 元

联系电话：024－86864613
邮购热线：024－86830665
网　　　址：http://press.lnu.edu.cn
电子邮件：lnupress@vip.163.com

序

在平日的工作、生活中，常有人问我这样的话题：

"阜新还有博物馆吗？"

"博物馆都有什么呀？"

每每遇到这样的提问，我真是一脸尴尬、满目茫然。我不知道如何回答这样的提问，甚至不知从何解释这一话题。仔细想来，人们所以产生这样的疑问，不容回避的，那就是博物馆的职能还没有很好地发挥，博物馆的展览还没有走近观众，博物馆的研究成果还没有真正地惠及民生……历经一年的时间，由朱蕾、刘德刚两位同仁主编的《阜新市博物馆文物精粹》一书即将出版，并由我为此撰序，庆幸之余，或许是对以往"尴尬"、"茫然"的一种补偿吧。

朱蕾、刘德刚与我共事多年。朱蕾2009年毕业于渤海大学，为中国古代史专业硕士研究生，现任阜新市博物馆副馆长。多年来，朱蕾对史学研究工作无比地热爱、执着追求，先后撰写几十篇论文发表于国家、省、市级专刊，合著出版了《阜新史话》一书。凭着较强的理论功底，已成为阜新地区该领域较有影响的领军人物。刘德刚1998年毕业于复旦大学文博专业，现任阜新市博物馆保管部主任。该同志工作十分踏实，特别在文物鉴赏方面颇有见地，且有丰富的实践经验。二位同志合著此书，可谓互为补充，相得益彰。

《阜新市博物馆文物精粹》按时代先后排列，上迄新石器时代，下至民国时期，共收录馆藏文物精品300余件。种类包括石器、陶器、玉器、金属器及杂项类，并由本馆陈列部主任夏晨光担任器物摄影，每件器物均配有最大限量的文字说明。

阜新处辽宁西部地区，是辽宁文物大市之一。

8000年前，阜新就有了人类活动的踪迹，他们日出而作、日落而息，创造了辽河流域乃至东北地区辉煌的史前文明；

4000年前，华夏大地诸侯纷争、群雄崛起，这里曾鸡犬相闻、炊烟袅袅，成为方国林立的政治舞台；

帝国时代，阜新有匈奴、乌桓、契丹驻足，是塞外古族的汇聚之地，辽帝国的建立，这里成为辽代后族重要的腹地。明清之际，汉、蒙、满文化在此相互渗透，彼此交融，成为阜新古代文化靓丽的风景。

《阜新市博物馆文物精粹》一书，是博物馆基本职能的补充与延伸。

众所周知，博物馆的基本职能是收藏、研究和展示。博物馆通过展览为观众提供优秀精神食粮，满足了观众文化生活的需求。然而，由于受展览空间、时间因素所限，运用单纯的展示手段，是难以"提供"、"满足"观众需求的，此书的出版，弥补了展览的短板，拓宽了鉴赏领域，搭建了交流平台，是固定式展览变可移动式展览的有效途径。

《阜新市博物馆文物精粹》一书，是区域特色文化最好的宣传与交流。

考古学文化因时代、地域不同而产生较强的差异性，这种差异性通过地上、地下的遗迹、遗物得以呈献，并形成独具特色的文化现象。例如：新石器时代查海遗址的玉龙文化、辽代的后族文化、明清时期的蒙古族文化……这是阜新地区特色的文化符号，编著此书，是阜新区域性历史文化的又一体现。

《阜新市博物馆文物精粹》一书，是对历史文化的保护与传承。

传统文化，是每个公民的义务，更是文物工作者不可推卸的责任。为此，这样一部著作，能使更多的人们了解阜新的历史，唤起人们对民族的、传统文化的热爱，并将优秀的传统文化保护、传承下去。

习近平总书记曾说："优秀的传统文化是一个国家、一个民族传承和发展的根本，如果丢掉了，就割断了精神命脉。"是啊，国家不能没有历史，民族不能没有文化，做为独特战略资源的传统文化，在得到有效保护、大力弘扬，同时，还要努力实现创造转化、创新发展，使之成为历史与现实的相融相通，成为推动民族复兴的强大能量。

以上，是为序。

阜新市博物馆馆长　胡　健

2017 年 1 月 8 日

目　　录

明 清

民　国

新石器时代

　　新石器时代，人类形成了稳定的聚落环境，这一时期开始制造和使用磨制石器及陶器，同时出现了原始农耕经济，形成了农耕、渔猎并存的经济生活。多年的考古调查和发掘证明，阜新地区新石器时代的文化遗存丰富多彩：查海遗址、胡头沟遗址、太平沟遗址、东坨子遗址、赶牛道遗址……这些文化遗存星罗棋布于阜新大地，向世人勾勒出阜新远古时期的美丽画卷。

　　本馆新石器时代藏品多为原始先民日常生产、生活用具，随着原始农业的出现，人类定居生活的需要，陶器大量出现，尤其是早期陶器"之"字纹的出现，成为该时期文化发展繁荣的标志。

　　红山文化是北方新石器时代晚期文化的代表，它以玉器的发现而闻名中外，本馆所藏红山文化玉器做工精湛，品相上乘，令人惊叹。

鼓腹罐　　新石器时代

阜蒙县沙拉乡查海遗址出土

高 11.5 厘米　口径 11 厘米　底径 6.5 厘米

敞口,鼓腹,平底,器身刻划篦点纹、"之"字纹。

鼓腹罐   *新石器时代*

阜蒙县沙拉乡查海遗址出土

高 21 厘米　口径 14.5 厘米　底径 10 厘米

敞口, 鼓腹, 平底, 器身刻划篦点纹、"之"字纹。

斜腹罐　　新石器时代
阜蒙县沙拉乡查海遗址出土
高 27 厘米　口径 21.5 厘米　底径 13.5 厘米
侈口,斜腹,平底,器身刻划弦纹、短斜线纹、"之"字纹。

褐陶钵　　新石器时代

口径 11.3 厘米　　高 8.5 厘米

敞口,斜腹,小平底,腹部刻划"之"字纹。

兽面纹丫形玉佩　　　*新石器时代*

长 12.5 厘米　宽 5 厘米　厚 0.2 厘米

器身扁平,两面均阴刻兽面纹及多道弦纹,一端有穿系孔。器身一端平直平面阴刻弦纹,一端呈丫形并阴刻兽面纹,兽面大耳、圆眼,口部凸起成宽棱线,形象与红山文化玉雕相似,殊为珍贵。这件器物瓦沟纹明显,属典型红山文化时期遗物。

青白玉镯　　　*新石器时代*

外径 7.5 厘米　　内径 6 厘米　　厚 0.8 厘米

阜蒙县化石戈乡胡头沟遗址出土

环状有缺口,截面略呈三角形,两端口处有两至三个未钻透孔,磨制光洁,呈鸡骨白色。

青玉铲　　　*新石器时代*

长 22.6 厘米　宽 9.6 厘米　厚 1.3 厘米

器身扁平,正锋,弧刃,顶略窄,通体呈青绿色可见红色石筋,玉质细腻莹润。

白玉圭形器　　　*新石器时代*

长 20 厘米　最宽 4 厘米　厚 0.5 厘米

器身扁平,平面呈圭形,器身光滑沁蚀成鸡骨白色。

勾云形玉佩　　*新石器时代*

长 6.5 厘米　宽 2.5 厘米　厚 0.2 厘米

弧背,一端呈梳齿形,器身有三对钻孔,鸡骨白色。

玉玦　　新石器时代

直径5.3厘米　缘宽1.2厘米　厚0.8厘米

圆环状,开口较小,器形古朴厚重,琢磨痕迹明显,有鸡骨白沁。

白玉器　　新石器时代

长 22.6 厘米　直径 1.9 厘米

圆锥形，一端尖锐，一端齐整，沁蚀为白色。

石耜　　新石器时代

长 20.5 厘米　宽 12 厘米　厚 0.5 厘米

器身扁平,顶部平直,另一端呈三角形。

石铲　　*新石器时代*

长 13.9 厘米　刃宽 8.2 厘米　厚 1.9 厘米

打制，亚腰，宽肩，弧刃。

石铲　　*新石器时代*

高 13 厘米　宽 16.6 厘米

阜新市细河区太平沟村出土

打制,亚腰,有肩,弧刃。

石铲　　*新石器时代*

长17厘米　刃宽23厘米　厚2.2厘米

弧刃,刃部锋利,顶部略厚至刃部渐薄。

青铜时代

　　青铜器的出现，表明人类的生产水平进入一个新的时代，是中国古代社会文明的标志。活跃在辽西地区的青铜时代的夏家店下层和夏家店上层文化，出现大量青铜制品，铸造工艺日趋成熟，如礼器、兵器、货币、工具等。历经几千年的发展，青铜时代虽仍有渔猎经济存在，但农业已成为社会经济的主导。生产工具虽有石器使用，但种类逐渐减少，青铜生产工具和生活用陶已成大宗，呈现了地域性极强的文化特征。彰武县平安堡遗址、阜蒙县平顶山遗址、勿欢池遗址等，均为阜新地区典型青铜时代遗存，并在同期文化遗址中较有影响。

　　本馆青铜时代藏品以曲刃青铜短剑最具代表，为夏家店上层文化的典型器物，均出土于阜蒙县西北地区。据悉，曲刃青铜短剑最早出现于伊朗等地，后经西亚、蒙古草原传入辽西，并逐步传播至辽东及东部朝鲜、日本等地。

盂形灰陶鬲　　青铜时代

高 19 厘米　口径 14 厘米　腹径 10 厘米

灰陶质,侈口,直腹,三足,通体磨光。

乳钉纹灰陶鬲　　青铜时代

高 20 厘米　　口径 13.7 厘米　　腹径 9.8 厘米

灰陶质,敞口,束腰,三袋足,颈饰乳钉纹、几何纹。

灰陶鬲　　青铜时代

高 11 厘米　口径 8.5 厘米　腹径 8 厘米

敞口,圆唇,束颈,三袋足,通体磨光。

陶钵、褐陶壶　　青铜时代

1、陶钵　　　高 9.7 厘米　　口径 6.9 厘米　　腹径 8.6 厘米　　底径 5.7 厘米

2、褐陶壶　　高 12.8 厘米　　口径 5 厘米　　底径 5.2 厘米

陶钵夹砂褐陶质，敛口，深腹，高圈足。褐陶壶夹砂褐陶质，直口，鼓腹，平底，腹施四系，颈、肩部施刺点纹。

褐陶纺轮　　青铜时代

厚 2.2 厘米　直径 5.8 厘米

夹砂褐陶质，圆形，中有圆穿孔，一面刻划圆圈纹，一面磨光。

篦齿纹灰陶壶　　青铜时代

高 52 厘米　口径 23.5 厘米　腹径 42.5 厘米　底径 13 厘米

器型大且规整,直口,鼓腹,凹底,通体磨光,腹部施两周篦齿纹。

环首铜削　　青铜时代

长 17.8 厘米　宽 2.5 厘米　厚 0.6 厘米

青铜铸造,弧刃,拱背,背起凸棱,柄首有环形穿孔。

铜刀　　青铜时代

残长 12.3 厘米　宽 1.9 厘米　厚 0.3 厘米

刀尖微微上翘,背起凸棱,刀身前窄后宽。刃部锋利,长刀柄。

曲刃青铜短剑　　青铜时代

长 33.5 厘米　刃部最宽 5.5 厘米　柄长 4.2 厘米　柄宽 1.2 厘米

双曲刃,尖锋,圆柱脊,短茎。

曲刃铜剑加重器　　　青铜时代

长 6.1 厘米　宽 3.9 厘米　厚 2.4 厘米

阜蒙县细河区哈达营子出土

石制，枕状，两端高中间低，表面粗糙。

曲刃铜剑加重器　　　青铜时代

长 6.2 厘米　宽 3.1 厘米

石制，枕状，通体磨光。

铜剑　　　战国

长 42.6 厘米　宽 4.1 厘米　柄长 8.7 厘米

青铜质地, 范铸, 尖锋, 双面刃, 剑背略厚, 细茎, 饼形剑首。

穿孔玉斧　　青铜时代

长 8 厘米　厚 1 厘米　孔径 1 厘米

青玉制,局部现石根。斧弧顶,弧刃,磨光,有对钻孔。

磨制玉斧　　青铜时代

长 14 厘米　刃宽 9 厘米

青玉制,弧刃,弧顶,磨光。

有柄石盂　　青铜时代

口长 2.7 厘米　柄长 2.8 厘米　口宽 1.7 厘米

石制,椭圆口,器身略呈方形,深腹,短柄。

磨制石刀　　青铜时代

长 10.4 厘米　宽 5 厘米　刃宽 9.2 厘米　厚 1.55 厘米

磨制，弧刃上有使用崩痕，背部平直略厚，表面粗糙。

石网坠　　青铜时代

长 8.05 厘米　宽 6.8 厘米　厚 1.9 厘米

磨制，椭圆体，两端敲砸出拴系缺口。

双孔石刀　　青铜时代

刃长 13.5 厘米　最宽处 5.5 厘米　厚 0.8 厘米　孔径 0.6 厘米

磨制,半月形,双孔,直刃,刃部锋利。

带孔石钺　　青铜时代

长 15.5 厘米　宽 10.6 厘米　厚 1.4 厘米

石制,正锋,磨光,弧刃,器身中部钻孔。

带孔石斧　　青铜时代

长 8.4 厘米　顶宽 4.5 厘米　刃宽 5.7 厘米　厚 1.6 厘米

石制,磨光,弧刃,器身中部有对钻孔。

有肩石杵　　青铜时代

长 13.1 厘米　宽 6.8 厘米　厚 4.3 厘米

顶部较窄便于持握,肩部宽大突出。

汉　唐

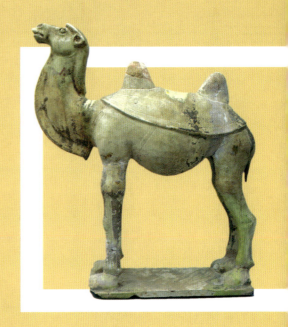

　　汉唐时期，是中国社会发展和中华民族历史形成的重要阶段。两汉时期，曾在东北地区设置辽西、辽东、右北平郡，实行中央集权的郡县制。今阜新市彰武县四堡子乡境内曾设西安平县，这是阜新地区两千多年前设置的行政管理机构。隋唐时期，阜新既是征伐高丽的前沿阵地，又是安置归附契丹、靺鞨、高丽的地区。阜蒙县东部和彰武县地区为松漠都督府辖区，并设有很多驿站，这为当时社会经济发展、繁荣创造了有利的条件。

　　汉唐时期的藏品体现了中西文化交流的频繁，复原了汉唐时期独有的文化气息。浑厚大气、典雅庄重的海兽葡萄纹铜镜、真子飞霜图铜镜，表明了与中原地区的商品交换和贸易往来。这种往来，不仅体现出了当时阜新地区屯田戍边、民族交融，同时反映了政治制度、思想文化上的交流。透过藏品，既可触摸到古代民族文化的时代脉搏，又可聆听汉唐盛世的歌舞升平。

灰陶长颈瓶　　汉代

高 22.8 厘米　口径 5.4 厘米　底径 9.2 厘米

长颈,平肩,平底,器腹有一圆孔,圆孔上方施一周戳印纹。

灰陶彩绘罐　　汉代

高 20.7 厘米　口径 12.8 厘米　底径 12.4 厘米

敞口,卷沿,深腹,凹底,颈部及器身彩绘莲瓣纹。

"建安十五年制"铭瓦砚　　汉代

长 33.5 厘米　宽 21 厘米　高 10.3 厘米　厚 2.35 厘米

灰陶质地,弧身,外侧光滑,中有长方形砚膛,砚体内侧施布纹,中间有隶书阳文"建安十五年制"铭文。

灰陶直口罐　　汉代

高 12.15 厘米　口径 8 厘米　底径 8 厘米

直口,短颈,鼓腹,平底,肩划两道弦纹。

铁铤铜镞　　汉代

长 3 厘米　宽 1 厘米

铜制，三棱形，镞尖锋利，铁铤。

绿釉陶骆驼　　　唐代

座长 22.7 厘米　宽 10 厘米　高 36 厘米

昂首向前,双峰,站姿,施绿釉,方形底座。

瑞兽葡萄纹铜镜　　　唐代

直径 9.6 厘米　缘厚 0.9 厘米　缘宽 0.8 厘米　连钮厚 0.6 厘米

圆形,兽钮,镜背饰海兽葡萄纹,镜体银白色。

"真子飞霜"图铜镜　　　唐代

直径 21 厘米　　连钮厚 1.5 厘米　　钮径 2.5 厘米　　缘厚 0.5 厘米　　缘宽 1 厘米

阜蒙县旧庙镇阿哈来村南河套出土

镜身银白色,圆形,兽钮,背施抚琴人物及凤鸟图,钮上方饰楷书"真子飞霜"四字铭文。

宋 辽

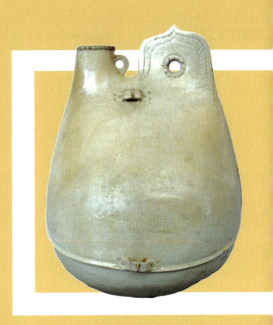

　　我国著名史学家陈寅恪先生曾言："华夏民族之文化，历数千载之演进，造极于赵宋之世。"因此，北宋作为中国历史上商品经济、文化教育、科学创新高度繁荣的时代，对北方契丹族建立的辽王朝产生了巨大的影响。

　　隋唐时期，阜新一带始终为契丹族驻牧之地。公元916年，契丹族首领耶律阿保机建立辽王朝，阜新地区分属上京道、东京道、中京道。辽建国后，大举向南扩展，逐步形成了与北宋长期对峙的中国历史上又一南北朝时代。辽代的阜新政治地位十分重要，迄今为止，阜新地区已发现辽代遗存五百余处，其中墓葬百余座，同时发现大量的佛塔、城址分布。

　　我馆宋辽时代藏品当中，既有中原文化传统的器物收藏，也有契丹民族所创的精品保存，如模仿契丹族皮囊壶烧制而成的鸡冠壶、低温彩色釉陶"辽三彩"等等，都极具鲜明的民族特色和时代特征。另外，本馆收藏了若干契丹大字、小字的墓志铭，已成为解读契丹文字这一绝学的珍贵实物资料。

越窑青瓷碗　　　宋代

高 6.5 厘米　腹径 12 厘米　口径 11.5 厘米　底径 6 厘米

阜蒙县卧凤沟乡七家子墓出土

微敛口,弧腹,圈足,器身施青灰釉,底部粘砂。

越窑划莲瓣花式口碗 　　宋代

高 4.2 厘米　口径 8.5 厘米　底径 4.7 厘米

花式口, 弧腹, 圈足, 施青釉, 内划莲纹。

龙泉青瓷塑贴龟纹荷叶形碗　　　宋代

高 4.5 厘米　口径 11 厘米　底径 3.3 厘米

阜蒙县佛寺镇辽墓出土

花式口,周身施青釉,碗内刻划荷叶筋脉线条,碗内底塑一只龟。

定窑白瓷花式口碟　　宋代

高 3 厘米　口径 12.1 厘米　底径 6 厘米

阜蒙县旧庙镇阿哈来村南河套出土

花式口,斜腹,圈足,施白釉,砂底。

定窑白瓷瓜棱形藤条式提梁注壶　　宋代

高 13.8 厘米　口径 5 厘米　底径 5 厘米

阜蒙县东梁镇岗岗村辽墓出土

绳状提梁,小圆口,斜流,瓜棱形腹部,圈足,器身施白釉。

白瓷单孔扁身鸡冠壶　　辽代

高 29 厘米　腹径 22.9 厘米　底径 12.3 厘米

阜蒙县卧凤沟乡七家子辽墓出土

管状口一侧有小环,鸡冠状突起上施小圆孔,垂腹,凹底,壶身两侧作仿皮条装饰,穿带、缝合线清晰可见。

白釉刻菊瓣纹钵　　辽代

高 15.6 厘米　口径 17.5 厘米　底径 10 厘米

阜蒙县他本扎兰乡巴斯营子辽墓出土

敛口,深腹,圈足,内外施白釉,外腹刻划菊瓣纹。

白釉印缠枝牡丹纹折腹盘　　辽代

高 6 厘米　口径 28.7 厘米　底径 11.9 厘米

敞口,浅腹,圈足,内印花纹,内外施白釉,内底有支钉痕。

白釉双系瓶　　辽代

高 12.9 厘米　口径 3.5 厘米　腹径 8.8 厘米　底径 5.7 厘米

直口,双系,鼓腹,圈足,外施白釉,釉不及底。

白釉长颈瓶　　辽代

高 19 厘米　口径 4.5 厘米　底径 6 厘米

阜蒙县东梁镇岗岗村辽墓出土

长颈,鼓腹,圈足,通体施白釉。

江官屯窑白釉钵　　辽代

高 14.5 厘米　口径 25.8 厘米　底径 9.8 厘米

阜蒙县东梁镇岗岗村辽墓出土

直口,弧腹,矮圈足,器身施多道弦纹。

白瓷印荷莲纹花式口盘　　辽代

高4厘米　口径21厘米　底径7厘米

阜蒙县塔营子乡出土

六出花式口,浅腹,圈足,内印莲纹,施白釉。

绿釉绳索式提梁壶　　辽代

高 29.7 厘米　口径 3 厘米　腹径 14.1 厘米　底径 9.5 厘米

阜蒙县佛寺镇辽墓出土

绳状环梁,管状口,垂腹,圈足,器身做仿皮条装饰,施绿釉不及底。

绿釉捏环梁鸡冠壶　　辽代

高 23.6 厘米　腹径 11.1 厘米　底径 7.4 厘米

阜新市细河区水泉镇辽墓出土

管状口,环状提梁,垂腹,圈足,施墨绿釉不及底。

辽三彩摩羯形壶　　　辽代

长 30.4 厘米　宽 11.8 厘米　高 21.1 厘米　底径 9.2 厘米

辽三彩精品。用黄、白、绿三色彩料施于器身，摩羯龙首鱼身，身上一双翅膀，鱼身上方开一小方口，身下饰莲花装饰，圆形平底座。

黄釉执壶　　　辽代

高 19 厘米　腹径 14 厘米　口径 3.2 厘米　底径 7.5 厘米

阜新市水泉乡五家子村辽墓出土

直口,斜流,曲柄上刻卷草纹,矮圈足,器身施棕黄釉。

黄釉印海水云纹碟　　辽代

高 2.4 厘米　口径 14.2 厘米　底径 6.5 厘米

阜新市水泉乡五家子村辽墓出土

敞口,浅腹,圈足,施棕黄釉,内施钱纹、水波纹、如意云纹,有三枚支钉痕,砂底。

黄釉盘　　辽代

高 5 厘米　　口径 18.3 厘米　　底径 7 厘米

阜新市水泉乡五家子村辽墓出土

敞口,浅腹,圈足,施黄釉,内有三枚支钉痕。

黄釉深腹碗　　辽代

高 9.5 厘米　口径 18.5 厘米　底径 7.5 厘米

阜新市水泉乡五家子村辽墓出土

敞口,弧腹,圈足,器身施棕黄釉。

黄釉弦纹钵　　　辽代

高 12.1 厘米　腹径 14.6 厘米　　口径 16.5 厘米　底径 8.1 厘米

阜新市水泉乡五家子村辽墓出土

直口,深腹,圈足,腹下施弦纹,施棕黄釉。

褐釉錾耳壶　　辽代

高 15 厘米　口径 7 厘米　底径 6.4 厘米

阜蒙县卧凤沟乡七家子辽墓出土

侈口,束颈,鼓腹,平底,錾耳,施褐釉。

茶末釉划字鸡腿罈　　辽代

高 68 厘米　腹径 21 厘米　口径 9 厘米　底径 11.5 厘米

器身颀长, 小口, 溜肩, 腹下渐收, 平底, 外施茶末釉, 肩部刻划文字, 无法辨识。

酱釉深腹瓶　　辽代

高 35 厘米　口径 7.8 厘米　底径 12 厘米　腹径 16.2 厘米

阜新市细河区四合镇太平沟出土

卷唇,短颈,深腹,溜肩,平底,器身施酱釉。

箆齿纹灰陶长颈壶　　辽代

高 50 厘米　腹径 22.3 厘米　口径 12.6 厘米　底径 10.8 厘米

阜蒙县大固本乡吐拉尺村辽墓出土

长颈,溜肩,平底,腹部施箆齿纹。

网格纹黑陶罐　　辽代

高 19.25 厘米　口径 9.25 厘米　底径 9.2 厘米　腹径 18.5 厘米

阜蒙县大固本乡吐拉尺村辽墓出土

卷沿,束颈,鼓腹,凹底,颈下饰三周篦齿纹,腹部饰网格纹、篦齿纹。

篦齿纹灰陶壶　　辽代

高 18 厘米　口径 8.7 厘米　腹径 13.9 厘米　底径 7 厘米

阜蒙县旧庙镇阿哈来村南河套辽墓出土

灰陶质,通体磨光,侈口,束颈,鼓腹,平底,腹下饰篦齿纹。

童子飞天砖雕　　辽代

长 32 厘米　宽 21 厘米　厚 9 厘米

陶制,一面刻童子,童子身形丰满,臂佩钏,披天衣,呈飞翔状,下饰莲瓣纹。

莲花童子金耳坠　　　辽代

高 2.5 厘米　宽 1.2 厘米

阜蒙县国华乡辽墓出土

童子站姿脚踏锥形莲花座，双手置于胸前，后为叶形背光，身后有长条形穿。

鎏金银带具饰件　　辽代

长 2.9 厘米

铜鎏金,树叶形,有圆形穿孔。

鎏金铜天鹅纹牌饰　　　辽代

长 5.9 厘米　宽 5.4 厘米

铜质,长方形,中心錾刻两只凤鸟,四周环绕卷草纹。

鎏金铜戒指　　辽代

面长 3.7 厘米　宽 2 厘米

阜蒙县建设镇罗卜沟村辽墓出土

铜制鎏金,戒面略呈菱形,饰牡丹花纹。

金戒指　　辽代

直径 1.3 厘米

金制,戒面呈梅花形。

金片　　辽代

长 2.8 厘米

金制,扁薄,平面呈扇形。

鎏金铜带具饰件　　　辽代

长 5 厘米

铜鎏金,圆形器身,两端有方形穿。

瑞兽纹铜镜　　　辽代

直径 11 厘米　钮径 1.4 厘米　缘厚 0.7 厘米　缘宽 0.4 厘米

圆形,圆钮,背饰四瑞兽和祥云图案,窄素缘。

鸾鸟祥云纹铜镜　　　辽代

直径 12.8 厘米　缘厚 0.7 厘米　连钮厚 0.4 厘米

圆形,桥钮,镜背分为四区饰云鸾纹,立缘,镜面平整。

缠枝牡丹纹铜镜　　　辽代

直径 21.6 厘米　缘宽 1.1 厘米　缘厚 0.7 厘米

圆形,桥钮,背饰缠枝花卉纹,素缘。

花卉纹铜镜　　辽代

直径 29.5 厘米　钮径 1.7 厘米　连钮厚 0.7 厘米　缘厚 0.3 厘米

阜蒙县他本扎兰乡赵大板村辽墓出土

圆形,小钮,背饰花草纹,宽素缘。

鸾凤菱花形铜镜　　　辽代

直径 15.5 厘米　缘厚 0.5 厘米　缘宽 0.5 厘米

八出葵花形,内区饰凤鸟纹、云纹,外区饰一周花卉纹。

素面方形铜镜　　辽代

边长 15.2 厘米　厚 0.5 厘米

方形,桥钮,宽素缘,镜体银白色。

三蝶纹铜镜　　辽代

直径 10.3 厘米　钮径 1.25 厘米　连钮厚 1.4 厘米　缘厚 0.3 厘米　缘宽 0.75 厘米

阜蒙县佛寺镇出土

圆形,圆钮,绕钮饰三只飞舞的蝴蝶,宽素缘。

仙鹤图铜镜　　辽代

直径 19 厘米　缘厚 0.55 厘米

圆形,圆钮,宽素缘,镜背纹饰由一株宽枝叶茂的芭蕉树、浑穆古朴的太湖石、花草、祥云及六只形态各异的仙鹤组成,钮下方有四只仙鹤立于芭蕉树和湖石之间,钮上方有两只仙鹤展翅飞翔在祥云之中。

释迦牟尼佛铜坐像　　辽代

高 7.7 厘米　底座直径 4.6 厘米

铜质，螺发，大耳垂轮，着通肩式袈裟，手施禅定印，圆形莲花座。

卷草纹铜铎　　辽代

高 15.8 厘米　口长 8 厘米　口宽 6.1 厘米

阜蒙县建设镇杨家店辽墓出土

方形钮,菱形铎身,铎口连弧状,铎身上饰四组卷草纹。

立式观音铜像　　辽代

高 11.5 厘米　座长 3.8 厘米

观音广额，方面，立姿，双手置于胸前捧一钵，身后有突起，足下踩须弥座。

铃形帐坠　　辽代

高 5 厘米

铜制，方形器身，有钮无铃舌。

铜熨斗　　辽代

口径 20 厘米　底径 17.1 厘米　柄长 23 厘米　高 10.5 厘米

长柄, 圆型斗身, 柄根部装饰莲花纹, 平底。

金属刻刀　　辽代

长 6.8 厘米

刀柄细长,刀身呈三角形,刃部锋利。

铁剑　　辽

通长 26 厘米　刃宽 1.8 厘米

阜蒙县卧凤沟乡七家子墓

长剑身,剑身双面刃,短茎,中厚两侧薄。

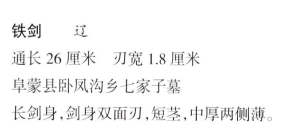

琥珀饰件　　辽代

高 3.4–7.7 厘米　厚 1.1 厘米

一组六件,其中一件为 T 形,其余为多棱柱形,桔红色,两端有铜箍,中有穿孔。

桶形琥珀饰件　　辽代

高 1.7 厘米　腹径 1.3 厘米

桶形,暗红色,器身阴刻弦纹,中穿孔。

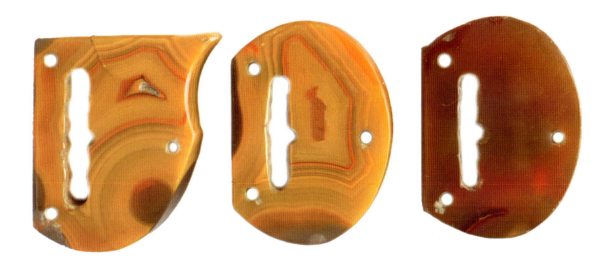

红玛瑙带饰　　辽代

长 3.5 厘米　宽 3 厘米　厚 0.7 厘米

局部红色,扁身,长穿孔,器身另有三个圆孔。

青玉鸟形佩　　辽代

长 4.5 厘米　厚 0.6 厘米

淡绿色青玉质,玉鸟展翅,长尾,呈飞翔状,阴线刻划鸟眼、翅等细部,腹下穿孔。

玛瑙饰件　　辽代

大者长 2 厘米　小者长 1.5 厘米

灰白色,椭圆形,器身上端有穿孔。

镇墓石狮　　辽代

高 17.5 厘米　底径 7.5 厘米

石质,蹲状,仰首,张口瞠目,颈部挂铃,造型威猛生动。

辽国许王墓志　　辽代

盝顶纵 77 厘米　横 78.5 厘米　墓志纵 100 厘米　横 100 厘米

阜蒙县卧凤沟乡七家子村辽墓出土

　　墓志呈六边形,志盖似正方棱台形。志盖正中阴刻"辽国许王墓志",右首刻"掩闭日甘露降",志石及志盖上共刻契丹文及汉字铭文二千余字。此墓志残损严重,志盖残为两段并缺一角,志石残为两段四角被损,中心位置亦残损。

耶律奴墓志　　　辽代

盖长 80.5 厘米　宽 73 厘米　厚 10 厘米　墓志长 80 厘米　宽 71 厘米

灰色砂岩质,由志石、志盖组成,均为方形,志石完整,志盖断为三段,共刻契丹小字 1274 字,记载耶律奴个人生平及家族世系。

张懿墓志　　辽代

长 68 厘米　宽 64.5 厘米　厚 15 厘米

方形,刻楷书汉字,二十余行,记载张懿生平及世系情况。

耶律休哥墓志铭志盖　　辽代

阜蒙县大板镇腰衙门辽墓出土

边长 97 厘米　边缘厚 10 厘米

志盖中间略厚,正中篆体汉字阳刻"故于越宋国王墓志铭",四周线刻十二生肖神像,四角刻划牡丹花纹。此志盖体量大,纹饰精美,专家将其主人定为辽代名将耶律休哥。

会龙山碑　　*辽代*

长 60 厘米　宽 47 厘米　厚 10.5 厘米

阜蒙县大巴镇半截塔村出土

长方形,上方抹角,下部有榫,碑身两面
阴刻汉字碑文,记载了当时佛教信众修建舍
利塔的事情。

飞鸣镝　　　**辽代**

长 5.3 厘米　直径 2.4 厘米

阜蒙县大固本乡吐拉尺村辽墓出土

木质,椭圆形,空心,腹部有四孔,铁链。

金　元

　　金、元是分别由女真族、蒙古族建立的政权。金承辽制，继续推行行政州县制度，阜新地处中原地区连接金上京的重要交通驿道，经济文化得到了迅速发展。

　　蒙古汗国统治时期，阜新地区为蒙古逐鹿中原的通道，地理位置十分重要，特别是忽必烈建立元朝以后，变革蒙古旧制，升当时的懿州为路，管辖范围进一步扩大，使懿州逐步成为统治东北地区的重要机构。

　　本馆金元时期的馆藏文物具有民族性与地方特色，如造型巧妙、装饰丰富、笔画流畅、具有浓厚生活气息的磁州窑系瓷器；种类繁多、纹饰丰富的金代铜镜；富丽雄浑、画风豪放，层次繁多的青花玉壶春瓶……均为了解金元时期的政治、经济、文化等方面提供了重要资料，也是阜新地区与中原文化交流相互作用的有力见证。

磁州窑白釉铁彩童子灯　　　金代

高 19 厘米　底径 5 厘米

白釉,用黑彩描绘童子五官衣饰,童子双手上举,鼓形座,椭圆形灯盏,童子五官清丽,双髻乌亮,眉目如画。

磁州窑白釉铁彩挟鼓僧人坐像　　金代

高 8.7 厘米　　底径 6 厘米

瓷胎,施白釉,黑彩描绘人物衣饰和五官,左手挟鼓,右手扶腹部,平底。

白釉铁彩草叶纹大罐　　　金代

高 44.5 厘米　口径 23.4 厘米　底径 17 厘米

直口,圆唇,短颈,深腹,平底,器身绘草叶纹。

白釉铁彩杯　　　金代

高 5.8 厘米　口径 8.5 厘米　底径 5.5 厘米　腹径 9.6 厘米

阜蒙县王府镇王府村墓葬出土

微敛口, 深腹, 圈足, 腹饰弦纹及铁彩草叶纹。

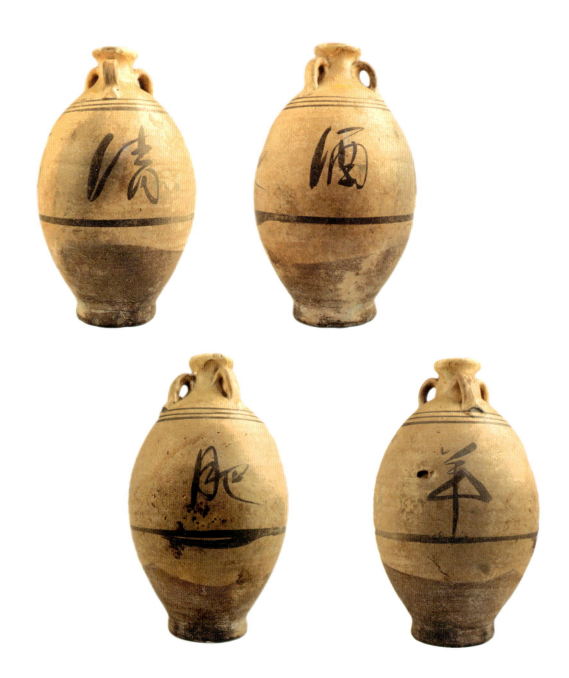

磁州窑白釉铁彩"清酒肥羊"三系瓶　　金代

高 26.8 厘米　口径 4.7 厘米　底径 8.5 厘米

小口,三系,深腹,圈足,器身书"清酒肥羊"四字。

青花荷塘鸳鸯纹玉壶春瓶　　元代

腹径 14.5 厘米　底径 8.4 厘米　残高 26 厘米

细颈，垂腹，圈足，器腹绘莲塘鸳鸯图，颈部绘蕉叶纹、卷草纹，腹下饰一周仰莲纹，修足较工整，青花浓翠，釉色青亮。

绿釉三足炉　　元代

高 4.8 厘米　口径 6.7 厘米　腹径 6.7 厘米

敞口,短颈,鼓腹,三矮足,施绿釉。

龙泉窑印花青瓷碗 元代

高 8.3 厘米 口径 19.8 厘米 底径 7 厘米

敞口,弧腹,圈足,内划云气纹,施青釉。

钧釉碗　　元代

高 7.6 厘米　口径 18.5 厘米　底径 6.5 厘米

敛口, 斜腹, 圈足, 釉不及底, 釉质莹润。

钧釉碗　　*元代*

高 9.5 厘米　口径 20 厘米　底径 6.5 厘米

敛口,斜腹,圈足微外撇,施月白釉。

钧釉盘　　元代

高 3 厘米　口径 14.9 厘米　底径 6 厘米

浅腹,圈足,施青釉不及底。

钧釉碗　　元代

高 7 厘米　口径 14.7 厘米　底径 5.1 厘米

阜蒙县旧庙镇阿哈来村南河套出土

口微敛，斜腹，圈足，釉法肥厚，釉色微闪紫。

钧釉紫斑三足香炉　　元代

高 10 厘米　口径 12 厘米

敞口,鼓腹,三矮足,器身施月白釉,局部有紫斑。

绿釉瓜棱形盖罐　　元代

高 9.1 厘米　口径 4.3 厘米　底径 4.7 厘米

直口, 鼓腹, 呈瓜棱状, 假圈足, 施绿釉。

龙泉窑青瓷盘　　元代

高 3.3 厘米　口径 11.3 厘米　底径 5.6 厘米

敞口,折沿,浅腹,圈足,内底印双鱼图,施青釉。

磁州窑白釉铁彩龙凤纹罐　　　元代

高 29.3 厘米　口径 18.5 厘米　底径 12 厘米　腹径 30.8 厘米

直口，广肩，鼓腹，凹底，器身以铁彩描绘龙凤纹。

磁州窑蓝釉铁彩花卉纹罐　　元代

高 10.8 厘米　口径 8 厘米　底径 6.4 厘米

阜新市东梁矿北住宅墓葬出土

直口,广肩,凹底,器身施蓝釉并以铁彩绘花卉纹。

茶叶末绿釉梅瓶　　　元代

高 22.7 厘米　口径 4.8 厘米　腹径 13.5 厘米　底径 9.4 厘米

阜蒙县旧庙镇阿哈来村南河套墓葬出土

小口，平肩，腹下渐收，平底，器身施茶末釉。

青釉双鹤纹高足杯　　　元代

高 8.5 厘米　　口径 10 厘米　　底径 4.3 厘米

敞口，弧腹，高圈足，器身施绿釉，白彩描绘弦纹、云纹、双鹤纹。

八角四童戏花"贵德州验记官"款铜镜　　金代

直径 12.6 厘米　缘厚 0.4 厘米

八角形,桥钮,背饰四童戏花图案,錾"贵德州验记官"边款。

双龙纹铜镜　　金代

直径 14 厘米　　钮径 1.6 厘米　　连钮厚 1.1 厘米　　缘厚 0.5 厘米

六出葵花形,圆钮,镜背施双龙纹,镜体厚重。

双龙纹铜镜　　　金代

直径 14 厘米　　钮径 1.6 厘米　　连钮厚 1.1 厘米　　缘厚 0.5 厘米

八出葵花形,圆钮,镜背施双龙纹,镜体厚重,有砂眼。

双龙纹铜镜　　　金代

直径 18.6 厘米　　厚 0.8 厘米　　缘宽 1.1 厘米

圆形,圆钮,背饰双龙纹,龙昂首奋爪,矫姿飞腾,素缘。

龙纹铜镜　　金代

直径 12.4 厘米　钮径 1.4 厘米　缘厚 0.45 厘米　缘宽 1.05 厘米

圆形,圆钮,宽素缘,镜背主纹为变体龙纹。

菱花形双龙纹铜镜　　金代

直径 8.6 厘米　钮径 1 厘米　缘厚 0.3 厘米　缘宽 0.5 厘米

八瓣菱花形,桥钮,镜背饰双龙,龙身扭曲,背生双翅。

双龙纹铜镜　　　金代

直径 18.6 厘米　钮径 2.3 厘米　连钮厚 0.9 厘米　缘厚 0.6 厘米　缘宽 1.2 厘米

圆形,圆钮,镜背施双龙纹,素缘,镜体厚重。

双鱼纹铜镜　　金代

直径 15.3 厘米　　钮径 1.7 厘米　　连钮厚 1.9 厘米　　缘厚 0.4 厘米　　缘宽 0.9 厘米

圆形，桥钮，镜背主纹为双鲤鱼绕钮腾跃，间饰海水纹，纹饰饱满，两条鲤鱼刻画生动，具浮雕效果。

人物故事纹铜镜　　　金代

直径 8.4 厘米　　缘柄长 15.4 厘米　　缘厚 0.45 厘米　　缘宽 0.4 厘米

圆形镜面,长柄,镜背装饰人物故事图。

八仙祝寿图有柄铜镜　　金代

直径 11.55 厘米　缘厚 0.7 厘米　缘宽 0.55 厘米　柄长 8.9 厘米

长柄,圆形镜面,镜背饰八仙祝寿图案祥云朵朵,楼阁翼然,下有仙人聚会,素缘。

洛神赋图有柄铜镜　　　金代

柄长 9 厘米　柄宽 2 厘米　直径 12.5 厘米

莲瓣形镜身,长柄,镜背饰洛神赋图。

吴牛喘月纹带柄铜镜　　　金代

直径 7.3 厘米　厚 0.4 厘米　缘宽 0.3 厘米　柄长 7.4 厘米

圆形,长柄,镜背施吴牛喘月图:牛卧于地,回首上望,云朵之上月弯如弓,窄缘。

仙人龟鹤纹铜镜　　金代

直径 10 厘米　柄长 8.3 厘米　缘厚 0.7 厘米　缘宽 0.5 厘米

圆形镜面,长柄,镜背饰仙人龟鹤图,素缘。

人虎相搏纹铜镜　　金代

直径 7.6 厘米　连柄长 14.3 厘米　缘厚 0.35 厘米　缘宽 0.6 厘米

圆形,长柄,镜背主纹为人虎相搏图,人虎皆立姿,做相互搏斗之态,素缘。

瑞兽葡萄纹铜镜　　　金代

直径 22 厘米　　厚 1.4 厘米　　缘宽 1.5 厘米　　钮径 3 厘米

圆形,兽钮,镜背饰海兽葡萄纹,镜面平整。

"煌丕昌天"铭菱花形铜镜　　金代

直径 16.2 厘米　缘 0.2 厘米　缘厚 0.3 厘米

阜蒙县老河土乡好不歹村出土

八瓣菱花形,圆钮,钮左下方有一奔腾在水中的巨龙张口瞠目,钮右下侧的一艘乘风破浪扬帆行驶中的海船,船顶有一人手扶桅杆调整船帆,船舱内、船头、船尾坐有数人,船头一人手举利剑与水中巨龙对峙。镜背还装饰细密的水波纹,中间有花叶点缀,左上方在波浪中隐约可见两条鱼露出头部。钮上方正中铸刻近似蝌蚪文的变体字"煌丕昌天"四字铭文,自右向左竖读排列以突出该镜的主题。

"家常贵富"铭铜镜　　金代

直径 16.8 厘米　钮径 2.1 厘米　圆厚 0.6 厘米

阜蒙县伊玛图乡康土村出土

圆形,圆钮,内区饰"家常贵富"铭文及乳钉纹,外饰一周连弧纹。

瑞兽葡萄纹铜镜　　　金代

直径 20.9 厘米　缘厚 1.6 厘米　钮径 3.25 厘米　连钮厚 1.6 厘米

圆形,兽钮,内区饰海兽纹,外区饰葡萄纹。

连弧铭纹铜镜　　金代

直径 16.5 厘米　钮径 2.3 厘米　连钮厚 0.9 厘米

圆形,圆钮,背饰光芒纹并施一周铭文带,铭文为"见日之光"等,有边款"济□官□□"。

三马纹铜镜　　金代

直径 8.35 厘米　钮径 1.1 厘米　缘厚 0.55 厘米　缘宽 0.3 厘米

圆形,蟾蜍钮,镜背的一周高凸线将镜背纹饰分为内外两区:内区绕钮三匹奔腾的骏马,外区饰一周飞鸟纹,镜背内容丰富而结构紧凑有序。

连弧纹铭文铜镜　　　金代

直径 7.5 厘米　钮径 0.9 厘米　缘厚 0.25 厘米　缘宽 0.7 厘米

圆形,圆钮,宽素缘,镜背主纹为十二内向连弧纹绕钮一周及铭文带。

四子攀花纹铜镜　　　金代

直径 11.9 厘米　钮径 1.1 厘米　缘宽 0.85 厘米

圆形,兽钮,宽素缘,镜背为四童子攀花纹饰。

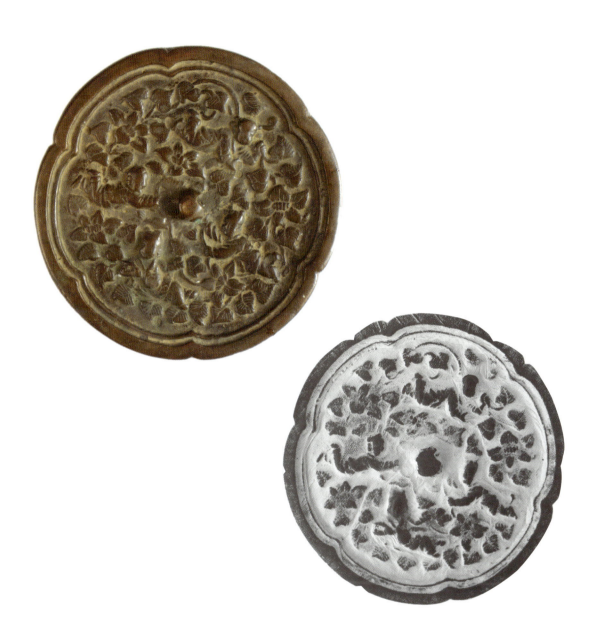

四子攀花纹铜镜　　　金代

直径 11.9 厘米　钮径 1.1 厘米　缘厚 0.3 厘米　缘宽 0.85 厘米

葵花形,圆钮,镜背为四童子攀花纹饰。

四子攀花纹铜镜　　　金代

直径 12.5 厘米　连钮厚 0.5 厘米

圆形,桥钮,宽素缘,上刻"左巡院验记"及押,镜背有四童子在花枝间嬉戏,童子面相丰润,身着肚兜,憨态可掬。

人物纹铜镜　　金代

直径 7.2 厘米　钮径 1 厘米　缘厚 0.35 厘米　缘宽 0.4 厘米

圆形,圆钮,素缘,缘上有"官"字款,镜背主纹为海波纹,海浪中有凸起的人物形象。

莲花纹铜镜　　金代

直径 8.5 厘米　钮径 0.9 厘米　缘厚 0.2 厘米　缘宽 0.6 厘米

圆形,圆钮,宽素缘,缘有划款不可识,镜背饰莲花纹饰。

仙人龟鹤纹铜镜　　　金代

直径 15.2 厘米　钮径 1.5 厘米　缘厚 0.4 厘米　缘宽 1.4 厘米

圆形,圆钮,宽素缘,镜背上端饰一大树,树下一老者端坐,前方有龟鹤相伴。

亚字型钱纹铜镜　　金代

直径 9.8 厘米　钮径 1.4 厘米　缘厚 0.45 厘米　缘宽 1.2 厘米

亚字形,桥钮,纹饰为钱纹,缘刻"绛州儅正司验□□"及押。

人物故事铜镜　　金代

直径 11.1 厘米　钮径 1.25 厘米　连钮厚 1 厘米　缘厚 0.65 厘米　缘宽 0.6 厘米

圆形,圆钮,素缘,镜背饰人物故事纹。

莲花童子纹铜镜　　金代

直径 9.3 厘米　连钮厚 0.65 厘米

圆形，蛙钮，镜背饰莲花，花间有童子，手执莲花。

人物故事纹镜　　金代

直径 15.9 厘米　连钮厚 1.08 厘米

圆形,圆钮,素缘,镜背饰人物故事图。

人物故事铜镜　　　金代

直径 12.8 厘米　缘厚 0.4 厘米

圆形,圆钮,宽素缘,镜背饰人物故事图。

龙纹铜镜　　　金代

直径 6.45 厘米　缘厚 0.4 厘米　缘宽 0.55 厘米

圆形,方钮,素缘,背饰龙纹,龙身盘曲,鳞瓜飞扬,造型威猛而充满动感。

"广宁钟秀"款双凤纹铜镜　　金代

直径 13.4 厘米　钮径 1.45 厘米　缘厚 0.3 厘米　缘宽 1.25 厘米

圆形，桥钮，宽素缘，镜背饰双凤纹，双凤昂首振翅，首尾相衔，缘上錾刻"广宁钟秀"
款识。

龙纹铜镜　　元代

直径 6.6 厘米　缘厚 0.2 厘米　缘宽 0.35 厘米

圆形,上带小环,饰单龙纹。

"副统府印"铜印　　金代

通高 3.5 厘米　柄高 2.5 厘米　印面边长 6.5 厘米

梯形立钮,方形印面,印文为九叠篆书"副统府印"。

"蒲阳县尉之印"铜印　　　金代

印面边长 5 厘米　　钮高 2.5 厘米　　宽 2.5 厘米

板状立钮,方印面,印文为篆书"蒲阳县尉之印"。

25000

"提控所印"铜印　　金代

印面边长 8 厘米　厚 1.2 厘米　钮高 3.3 厘米

梯形立钮，方形印面，篆书印文"提控所印"，印背上刻划字，右为"开兴元年三月"，左为"宣抚司造"、"提控所印"，字迹较为模糊。

"懿州路造"铭铜权　　金代

高 8 厘米　底径 4.5 厘米

阜蒙县塔营子乡出土

　　方钮,圆腹,束腰,平底,腹部錾刻汉字"懿州路造"、"同二十五斤"、"至正六年校勘相同"等铭文。

铜权　　*元代*

高 11 厘米　底径 5.4 厘米

阜蒙县塔营子乡出土

方钮，圆形权身，束腰，平底，权身上有"至元二年"汉字铭文。

铜权　　金代

高 9.1 厘米　宽 4.6 厘米　厚 2.1 厘米

梯形钮,六边形身,束腰,六边形座,权身上铸有楷书阴文"皇甫"、"南京",器身上还錾刻"大都路较"、"同三十五斤"、"至正八年"、"南京"、"皇甫"等铭文。

铜玉壶春瓶　　*元代*

高 25.7 厘米　口径 6.5 厘米　腹径 14.2 厘米　底径 7.4 厘米

喇叭口,束颈,鼓腹,圈足。

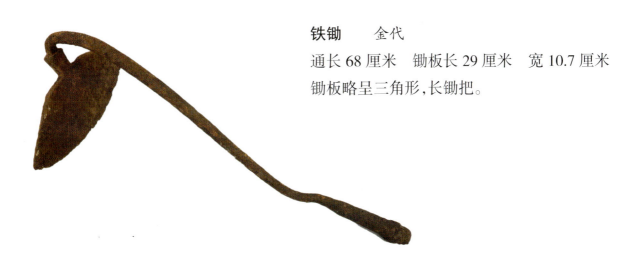

铁锄　　金代

通长 68 厘米　锄板长 29 厘米　宽 10.7 厘米

锄板略呈三角形，长锄把。

铁镐　　金代

长 27 厘米　最宽 7.7 厘米　最厚 3.8 厘米

弧刃，方形镐身，方穿。

三足铜火盆　　元代

高 10.3 厘米　口径 28.2 厘米　腹径 19.6 厘米

阜新市细河区碱巴拉荒村出土

折沿，直腹，平底，三矮足。

白玉镂雕天鹅纹嵌饰　　金代

长 8.5 厘米　宽 3.5 厘米　厚 0.5 厘米

白玉质，镂雕天鹅穿花图案，阴线刻划细部，玉质细腻微闪青。

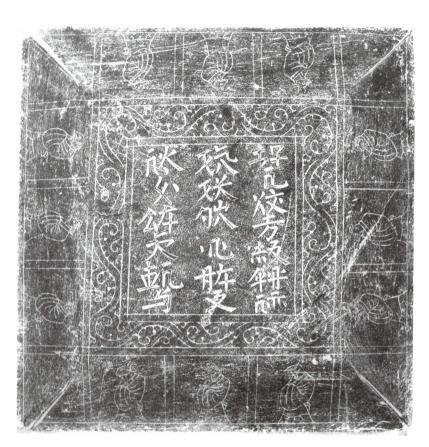

萧居士墓志　　金代

阜蒙县平安地镇阿汗土村宋家梁墓葬

边长 80 厘米　边缘厚 7 厘米

灰砂岩质地，志石与志盖阴刻契丹小字，契丹小字释读为"萧居士"墓志铭。

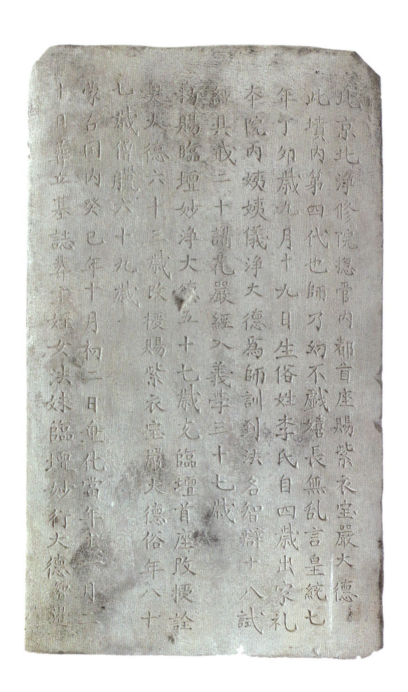

北京北淨修院摠雷內都盲座賜紫衣室嚴火德
此壇內第四代也師乃幼不戲嬉長無亂言皇統七
年丁卯歲九月十九日生俗姓李氏自四歲出家礼
本院內姨姨儀淨大德為師訓到法名智辯十八試
經其戒三十諳毗嚴經入義學三十七歲文臨壇首座改授詮
勅賜臨壇妙淨大德五十七歲改授賜紫衣室嚴大德俗年八十
與大德六十三歲改授賜紫衣室嚴大德俗年八十
七歲俗臘六十九歲
蒙石回內癸巳年十月初二日重化當年　月
十日謹立基誌葬茟姪女洪妹臨壇妙行大德智

智辩墓志　　　元代

长 42 厘米　宽 25.5 厘米　厚 5 厘米

砂岩质,长方形,楷书阴刻智辨大师生平。

明　　清

　　明清时期为中国封建时代的落脚点，也是中国古代社会从强盛逐渐走向衰落的转折点。明王朝为防蒙古诸部及北元势力侵扰，将阜新地区置于边城之外，沿边界修筑了辽东边墙，后又改建成坚固的长城。随着兀良哈等蒙古诸部在这里驻牧、屯田，带动了阜新地区的边关贸易和手工业发展。特别是蒙古贞迁徙到阜新大地之后，才使这里逐渐稳定起来。

　　清代，蒙古地区推行盟旗制，这一时期阜新西部地区为土默特左旗，东部彰武地区为皇家的养息牧场。实行招垦后，阜新地区逐渐由牧业经济转向农业经济。于此同时，清朝政府大力推行藏传佛教，使阜新地区佛教传播十分迅猛。汉、满、蒙、藏等多民族的文化在这里交汇、融合、碰撞，进而产生了独具特色的区域文化。

　　本馆明清时期的藏品中，有古朴凝香、淡雅芬芳的明清瓷器；更有造型各异、形象传神的鎏金佛像……各类藏品造型优美、独特，具有较强的地域风格及文化特征。

白瓷塑贴梅花纹杯　　明代

高 5.6 厘米　口径 8.5 厘米　底径最宽 4.1 厘米

白瓷胎,釉色呈象牙白色,椭圆形口,深腹,腹下塑贴梅枝为足。

青花云龙纹罐　　　明代

高 9.5 厘米　口径 6.4 厘米　腹径 16.3 厘米　底径 7 厘米

直口,短颈,丰肩,凹底,颈、肩部绘回纹、莲纹,腹部绘龙赶珠图案,"大明嘉靖年制"青花底款。

青花龙纹鱼缸　　明代

高 49 厘米　口径 53.4 厘米　底径 30 厘米

方唇,斜腹,平底,外腹绘龙穿花图案。龙口大张,头部鬃毛前冲,龙身蜿蜒,尾部上翘,地纹为缠枝番莲纹,"大明万历年制"楷书横款。

青花龙纹花盆　　　明代

高 14 厘米　口径 40 厘米　底径 28 厘米

折沿,斜腹,平底有小孔,口沿两侧绘卷草纹,外腹绘行龙纹,龙口大张,龙身细长呈飞腾状,地纹为缠枝番莲纹。

酱釉瓷雷　　明代

高 8.4 厘米　口径 2.3 厘米　底径 7 厘米

器身呈蒺藜形，一端开圆口，口旁有一小引信孔，器身施酱釉。

仿官釉蒜头瓶　　　清代

高 27.7 厘米　口径 3.5 厘米　底径 9.2 厘米

蒜头形口部,鼓腹,圈足,外施青釉,开片酷似宋官窑瓷器特有的"金丝铁线","大清乾隆年制青花底款。

明　　清

松石绿地粉彩花卉纹盖罐　　清代

高 11.1 厘米　口径 4.1 厘米　腹径 10.5 厘米　底径 4.8 厘米

小圆盖,圆钮,子母口,丰肩,凹底,施松石绿釉,器身描绘粉彩花卉纹饰。

仿哥釉八棱长颈瓶　　　清代

高 19 厘米　口径 9 厘米　底径 8 厘米

折沿,长颈,鼓腹,圈足,施仿哥釉,颈、腹部施多道凸弦纹,"大清乾隆年制"篆书青花底款。

青花堆粉寿字龙纹元宝形茶船　　　清代

高 4.5 厘米　口长 15.8 厘米　口宽 5.4 厘米　底长 6.5 厘米　宽 4.4 厘米

元宝形,器身内外满绘青花卷草纹并装饰暗八仙图案及"寿"字图案,内底中心绘一枝如意,矮圈足。

豆青釉粉彩花鸟纹碗　　清代

口径 17.5 厘米　底径 6.5 厘米　高 7.5 厘米

敞口,弧腹,圈足,内施白釉,外施豆青釉,粉彩描绘牡丹、玉兰等花鸟纹饰。

康熙仿成化青花赤壁赋诗文碗　　　清代

高 8.5 厘米　口径 18.2 厘米　底径 7.7 厘米

敞口,弧腹,圈足,外腹书《后赤壁赋》全文并绘苏东坡游赤壁图。赤壁赋全文为楷书书写;江岸边怪石壁立,树木繁茂,船上有三人坐于舱内,一小童坐于船舱前,前方立有炉灶,船夫持篙立于船头,船尾有一妇人似在掌舵,底书"大明成化年制"青花楷书款。

粉彩百蝶纹赏瓶　　　清代

高 39.3 厘米　口径 9.8 厘米　底径 12.7 厘米

喇叭口,细颈,鼓腹,圈足,器身用粉彩描绘多只展翅飞翔的蝴蝶,肩部施一周花卉纹带。

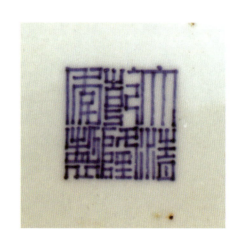

霁红釉盘　　清代

高 4.7 厘米　口径 20.6 厘米　底径 13.5 厘米

敞口，浅腹，圈足，器身施霁红釉，"大清乾隆年制"青花底款。

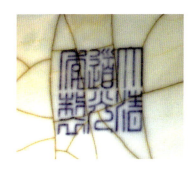

仿官釉杏圆贯耳方瓶　　　清代

宽 9.1 厘米　通高 31 厘米　底长 11.8 厘米　宽 8.5 厘米

直口,方唇,双贯耳,扁腹两侧饰突起的杏圆装饰,圈足,施仿官釉,"金丝铁线"遍布器身,"大清道光年制"篆书底款。

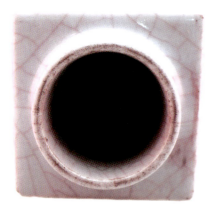

仿官釉八卦纹琮式瓶　　清代

高 28.2 厘米　口径 9 厘米　底径 10.8 厘米

直口,短颈,方身,圈足,外腹四面各施卦相图案,器身施仿宋官窑青釉,布满细密开片。

斗彩凤穿花纹盘　　　清代

高 4 厘米　口径 18.9 厘米　底径 12.2 厘米

敞口,浅腹,圈足,外腹、内底饰斗彩凤穿花纹饰,青花底款。

霁红釉高足盘　　清代

高 9 厘米　口径 21 厘米　底径 8.7 厘米

敞口,浅腹,高圈足,内施白釉,外施霁红釉,修胎工整,釉质纯净。

粉彩八吉祥—宝幢摆件　　　清代

通高 14.3 厘米　底径 7.1 厘米

鼓形底座,上插一宝幢,粉彩描绘云纹、宝相花纹及宝幢。

青花缠枝莲纹花觚　　清代

高 21.1 厘米　口径 15 厘米　底径 9.1 厘米

喇叭口,束腰,圈足,器身绘缠枝花卉纹,"大清乾隆年制"青花底款。

豆青釉月牙耳盖罐　　清代

高 21.1 厘米　腹径 15.9 厘米　口径 9.1 厘米　底径 9.9 厘米

小圆盖,直口,短颈,丰肩,肩部施双月牙耳,凹底,外施豆青釉,"大清乾隆年制"青花款识。

霁蓝加彩双耳瓶　　　清代

高 44.4 厘米　口径 20 厘米　底径 16 厘米

侈口,双夔龙耳,深腹,圈足,器身上施蓝釉,颈、腹部以黄、绿等色料描绘两株梅树。

霁红釉玉壶春瓶　　*清代*

高 29.5 厘米　腹围 18.6 厘米　口底 8.7 厘米　底径 10.9 厘米

撇口,长颈,垂腹,圈足,内施白釉,外施霁红釉,"大清乾隆年制"青花底款。

雕瓷博古六方瓶　　清代

高 58 厘米　口径 20.5 厘米　底径 19.8 厘米

六方形,敞口,丰肩,双石榴耳,器身施白釉,浮雕并描绘博古纹、花卉纹。

三子莲花瓷炉　　清代

高 6.2 厘米　直径 6.8 厘米

三小童呈倚立状,双手后伸抬起一朵巨大的花苞,花苞中空为炉腔。三童衣着各异,面部表情描摹精细。

粉彩八宝纹盘　　　清代

高 6.3 厘米　口径 40.7 厘米　底径 21 厘米

圆形,浅腹,圈足,内绘粉彩八宝图,外绘红彩竹纹。

青花花卉纹花觚　　　清代

高 27 厘米　口径 10.2 厘米　腹径 6.3 厘米　底径 8.2 厘米

侈口，束身，平底，上腹部绘湖石花鸟图，下腹部绘一周蕉叶纹。

粉彩花卉纹盘　　清代

高 2.5 厘米　口径 12.4 厘米　底径 6.3 厘米

敞口，斜腹，矮圈足，内腹用粉彩描绘兰花、灵芝、山石与飞鸟，外绘四组花卉纹。

粉彩云蝠纹赏瓶　　　清代

高 32.9 厘米　口径 7.4 厘米　底径 15.2 厘米

直口,鼓腹,圈足,口沿下绘一周如意云纹,腹下绘变体莲纹,颈、腹部满绘云纹、蝙蝠纹。

三彩瓷狮子香插　　　清代

高 16.8 厘米　座长 17.5 厘米　宽 3.8 厘米

狮子昂首,张口,蹲坐于方形底座之上,以粉、绿、黄等色彩料装饰狮及底座。

斗彩团菊纹罐　　　清代

高 23.1 厘米　口径 9.5 厘米　腹径 20.5 厘米　底径 11.8 厘米

直口,溜肩,腹下渐收,圈足。肩上、胫部绘云纹,腹部绘团菊纹、花卉纹。

釉里红鱼纹瓶　　清代

高 18.8 厘米　口径 4.7 厘米　腹径 8.5 厘米　底径 4.8 厘米

侈口,束颈,丰肩,凹底,腹绘三鱼,鱼形象各异,作摇尾游动状。

青花留白梅花纹瓶　　清代

高 19.4 厘米　口径 5.6 厘米　腹径 8.2 厘米　底径 5.8 厘米

侈口,丰肩,圈足,青花为地,留白为一枝怒放的梅花。

珊瑚红地粉彩箭筒　　清代

高 61.5 厘米　口径 25.5 厘米

敛口,平底,器身作直筒状,口沿外侧绘一周缠枝花卉纹带,主题纹饰为蝴蝶穿花图案,蝴蝶作振翅飞翔状,花团锦簇,珊瑚红地莹润光亮。

青花团凤纹绣墩　　清代

高 40.5 厘米　口径 27 厘米　腹径 30 厘米　底径 2.7 厘米

鼓形，上下两端饰鼓钉形装饰，腹部绘团凤纹与云纹。

粉彩六方博古瓶　　　清代

高 60 厘米　口径 19 厘米　腹径 22.5 厘米　底径 17 厘米

六方形,双石榴耳,器身浮雕博古图,花卉纹。

光绪云蝠纹赏瓶　　　*清代*

高 39.4 厘米　口径 10 厘米　腹径 23.4 厘米　底径 13 厘米

喇叭口，鼓腹，圈足，颈部、腹部以粉彩、红彩描绘云纹、蝙蝠纹。

青花釉里红福寿图瓶　　清代

高 52 厘米　口径 7.3 厘米　腹径 25 厘米　底径 14.8 厘米

　　小口,细颈,丰肩,腹下渐收,凹底,肩腹部绘一桃枝,桃子硕大,桃花盛开,留白处绘有蝙蝠,寓意"福寿双全"。

墨地三彩百鸟朝凤纹盘　　　清代

高 9 厘米　口径 52 厘米　底径 31 厘米

折沿,浅腹,圈足,内腹墨地,以黄、绿、赭等色料描绘百鸟朝凤图案,凤鸟立于中心位置的树下,周围群鸟环绕,外腹部施黄釉,绘折枝佛手、桃及石榴图。

青花山水人物纹攒盘　　　清代

高 2.4 厘米　口径 11 厘米　高 2.3 厘米　口径 14.6 厘米

一套九件,中心一件呈八角形,余八件略呈莲瓣形,内绘青花山水图。

白釉观音菩萨坐像　　　*清代*

高 18.2 厘米　座长 7 厘米　宽 5.8 厘米

观音菩萨着天衣,跏趺坐姿于莲台之上,双目微闭,双手合十,衣褶流畅清晰,莲花座下饰海水纹。

蓝地黄彩云龙纹碗　　　清代

高 5.5 厘米　口径 10.4 厘米　底径 4.5 厘米

敞口, 弧腹, 圈足, 蓝釉地, 内底及外腹绘黄彩龙纹。

米色釉五彩龙纹四方委角碗　　清代

高 7.3 厘米　口径 14 厘米　底径 6.2 厘米

碗口略呈方形并委角,外腹及内底绘龙纹并书诗文,圈足,"大清康熙年制"青花底款。

珊瑚红地粉彩花卉纹碟　　清代

高 1.6 厘米　口径 7.6 厘米　底径 5.1 厘米

斜腹,平底,外腹施珊瑚红釉并绘粉彩花卉纹,内底绘"五福捧寿"纹,"彩秀堂制",青花底款。

矾红地留白诗文盖碗　　清代

通高 8 厘米　口径 9.6 厘米　底径 3.7 厘米

敞口,弧腹,圈足,盖及碗腹部施矾红彩,留白为兰花图并诗文"日暖风和……"

青花缠枝莲纹盘　　清代

高 3.2 厘米　口径 15.5 厘米　底径 9.3 厘米

敞口，浅腹，圈足，外腹、内底、口沿等部位饰青花缠枝莲纹，"大清嘉庆年制"青花底
款。

五彩龙凤纹碗　　清代

高 7.3 厘米　口径 15.3 厘米　底径 6.1 厘米

敞口,弧腹,圈足,外腹绘龙、凤纹,间绘火纹、花卉纹,"大清乾隆年制"青花底款。

青花缠枝梵文高足杯　　　清代

高 9.6 厘米　口径 9.4 厘米　底径 5.7 厘米

敞口,斜腹,高圈足,腹部绘番莲纹并书梵文,"大清乾隆年制"青花横书款。

粉彩龙纹贲巴壶　　　清代

残高 14.2 厘米　底径 6.5 厘米

杯形盖,壶长流,鼓腹,圈足,盖及壶身绘龙纹,胫部绘海水纹。

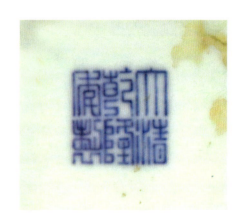

青花花卉纹纸槌瓶　　　清代

高 30.4 厘米　口径 4.6 厘米　底径 8.2 厘米

长颈，丰肩，斜腹，矮圈足，器腹绘几组青花折枝花卉纹，颈、肩部绘一周莲纹及卷草纹带，"大清乾隆年制"青花底款。

仿哥釉碗　　清代

高 10.3 厘米　口径 26 厘米　底径 10.6 厘米

敞口, 弧腹, 圈足, 施仿哥釉开片细密, 釉色呈天青色, 器型古朴精巧。

青花釉里红鹿头尊　　　清代

高 33.2 厘米　口径 14.5 厘米　底径 17.7 厘米

直口,短颈,鼓腹,双鹿头耳,器身绘山石、花卉、高大的松树与群鹿图,鹿或立或行,或昂首,或扭颈,姿态各异,充满动感。

霁蓝釉穿带瓶　　清代

高 30 厘米　口径 11.4 厘米　底径 12 厘米

直口，双贯耳，扁腹，外施霁蓝釉，"大清光绪年制"款识。

黄釉绿彩龙纹花式口碟　　清代

高 2.9 厘米　口径 13.2 厘米　底径 7.7 厘米

波浪形花式口,器身施黄釉,内腹中心以绿彩描绘正龙纹,两侧饰龙赶珠纹饰,外腹施一周花卉纹,"大清道光年制"底款。

青花缠枝牡丹纹碟　　清代

高 2.3 厘米　口径 13.3 厘米　底径 7.5 厘米

敞口,浅腹,圈足,内底及外腹绘青花缠枝牡丹花纹,"大清乾隆年制"青花底款。

青花缠枝花卉纹瓶　　　清代

高 27.1 厘米　腹径 12.9 厘米　口径 7.4 厘米　底径 6.7 厘米

撇口,细颈,丰肩,圈足,颈部绘蕉叶纹、缠枝花卉纹、如意云纹各一周,腹部绘缠枝番莲纹,胫部绘一周仰莲纹,"大清乾隆年制"青花款识。

窑变釉杏圆贯耳瓶　　　清代

高 30.5 厘米　口径 11.3 厘米　腹径 19.3 厘米　底径 12.4 厘米

直口，双贯耳，扁腹，腹部两侧各有一杏圆形突起，矮圈足，釉色红中闪紫，灿若云霞，"大清乾隆年制"底款。

霁兰釉象耳琮式瓶　　清代

高 29.2 厘米　口径 9.1 厘米　腹径 13.1 厘米　底径 11.8 厘米

琮式瓶,直口,短颈,双象头耳,圈足,器身施霁兰釉,"大清光绪年制"楷书底款。

慎德堂款珊瑚红地瑞鹤图碗　　　清代

高 4.9 厘米　口径 13.2 厘米　底 4.9 厘米

敞口，弧腹，圈足，内施白釉，外施红釉并绘仙鹤图，"慎德堂制"款识。

矾红彩"五福捧寿"纹杯　　　清代

高 4.9 厘米　口径 5.8 厘米　底径 2.7 厘米

敞口,口沿下绘一周回纹,弧腹上以矾红彩描绘"五福捧寿"图,圈足,"慎德堂制"款识。

青花龙纹高足盘　　　清代

高 13.2 厘米　口径 15.5 厘米　底径 8.6 厘米

敞口，弧腹，高圈足，腹外绘青花双龙纹，足部绘蕉叶纹、席纹、海涛纹。

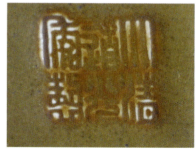

茶末釉荸荠瓶　　　清代

高 33 厘米　口径 7.2 厘米　腹径 25 厘米　底径 15 厘米

长颈，鼓腹，圈足，器身施茶末釉，"大清道光年制"篆书底款。

"嘉靖十年"铭铜铳　　明代

高 12.5 厘米　口径 6.5 厘米　底径 8 厘米

铜铸,竹节形,器身中空,一侧有引信孔,铳底平整,铳体第一节上錾刻有"广宁城"三字,第二节上錾刻"嘉靖十年三月十日"铭文。

鎏金铜释迦牟尼佛像　　　清代

高 15.6 厘米　座长 12.3 厘米　座宽 8.4 厘米

肉髻,螺发,宝珠顶严,着袒右肩式袈裟,左手施禅定印,右手施降魔印,跏趺坐式,莲花座,鎏金。

鎏金铜释迦牟尼佛像　　　清代

高 21.5 厘米　座长 16 厘米　座宽 11.5 厘米

肉髻,螺发,宝珠顶严,面庞丰颐,表情沉静内省,着袈裟,双手于胸前施说法印,跏趺坐式,莲花底座,通体鎏金。

鎏金铜释迦牟尼像　　　清代

高 16.5 厘米　座长 11.4 厘米　座宽 7.8 厘米

肉髻,螺发,面庞丰颐,双目微睁,双手于胸前施说法印,跏趺坐姿,莲花底座,鎏金。

鎏金铜大日如来坐像　　　清代

高 16.5 厘米　座长 11.9 厘米　座宽 7.8 厘米

肉髻,螺发,宝珠顶严,面庞丰颐,双手置胸前施法印,跏趺坐式,莲花底座。

鎏金铜药师佛像　　　清代

高 16.4 厘米　座长 11.3 厘米　座宽 7.5 厘米

肉髻,螺发,宝珠顶严,着袒右肩式袈裟,左手施禅定印,右手施与原印,腕侧一枝药草,莲花座,通体鎏金。

鎏金铜无量寿佛像　　　清代

高 11.4 厘米　座长 8.5 厘米　宽 6 厘米

头戴宝冠,耳珰垂肩,面相丰颐,神情内省,帔帛绕臂,双手托宝瓶,跏趺坐式。

鎏金铜绿度母坐像　　　清代

高 16.7 厘米　座长 11.5 厘米　座宽 8.3 厘米

菩萨妆，头戴宝冠，右手施与愿印，左手置于胸前，肩侧饰乌巴拉花，右脚下垂呈半跏趺坐式，鎏金。

鎏金铜绿度母佛像　　　*清代*

高 19.3 厘米　　座长 12.4 厘米　　座宽 9.1 厘米

菩萨装, 高束发, 头微右倾, 双目微睁, 手施与愿印, 肩花高耸, 半跏趺坐势, 莲花底座。

鎏金铜白度母坐像　　*清代*

高 16.8 厘米　座长 11.4 厘米　座宽 7.7 厘米

头戴宝冠,帔帛绕肩,臂戴宝钏,手持与愿印,莲花底座,鎏金,菩萨额头、手心、脚心各有一目,又称"七眼女"。

鎏金铜白度母佛像　　　清代

高 17 厘米　座长 12.5 厘米　座宽 9 厘米

头戴宝冠,高束发,面相丰颐微含笑意,腰身纤细,身着帔帛,左手两指相捻置于胸前,右手施与愿印,手、颈、足部佩璎珞,臂佩宝钏,肩侧饰乌巴拉花,跏趺坐式,莲花底座。

鎏金铜宗喀巴坐像　　清代

高 17.9 厘米　座长 11.6 厘米　座宽 8.8 厘米

头戴通人冠,手施说法印,双肩上施肩饰,跏趺坐姿,莲花底座,通体鎏金。

鎏金铜宗喀巴坐像　　清代

高 17 厘米　座长 11.5 厘米　座宽 7.7 厘米

头戴通人冠,手施说法印,跏趺坐式,莲花底座,鎏金。

吉祥天母铜像　　　清代

高 18.4 厘米　座长 15.7 厘米　座宽 8.4 厘米

天母猬发竖立,骷髅冠,袒胸露乳箕坐于骡背,左手托骷髅碗,右手上举持法器,骡背上披人皮,人头悬于骡腹下,长方形底座。

铜尊胜佛母像　　清代

高 18 厘米　座长 12 厘米　座宽 8.2 厘米

头戴宝冠,三面八臂,主尊头微右倾,面庞丰颐微含笑意,手施多式法印,跏趺坐姿,仰覆莲花底座。尊胜佛母与无量寿佛、白度母并称长寿三尊。

鎏金铜弥勒菩萨像　　　清代

高 33.2 厘米　底座长 22 厘米　底宽 17 厘米

头戴宝冠,高束发,耳饰耳珰,菩萨表情沉静微含笑,腰身纤细,双手于胸前施说法印,双腿下垂端坐于须弥座上,鎏金。

财宝天王铜像　　　清代

高 16.4 厘米　座长 16.1 厘米　座宽 7.5 厘米

头戴宝冠,面微怒,身着铠甲、战靴,天王如意坐姿于狮背上,左手托吐宝鼠,象征能吐无尽财宝。

漆金铜文殊菩萨像　　　清代

高 12.8 厘米　座长 8.8 厘米　座宽 6.8 厘米

头带宝冠,双目微睁,腰身纤细,右手侧举持剑,帔帛垂于莲花底座上,漆金。

菩萨像　　清代

高 6.5 厘米　座长 6.4 厘米　宽 3.55 厘米

菩萨戴宝冠，手持法器，骑坐于牛背之上。牛呈跪卧姿态，平底。

鎏金铜舍利子像　　清代

高 10.1 厘米　座直径 5.2 厘米

舍利子是佛祖弟子，身着袒右肩式僧袍，左手置于胸前，手心向上，右臂弯曲，手指自然伸展，跣足立于莲花座之上。

铜将军立像　　清代

高 8.9 厘米

身姿挺拔,神态威严,长髯垂至胸前,着铠甲、战靴,双手置胸前作持握状。

鎏金铜佛塔　　清代

高 11 厘米　座长 6.5 厘米

铜质鎏金,尖顶,舟形壶门,阶梯状塔身,须弥座上装饰双狮,方形底座。

鎏金铜嘎巴拉碗　　清代

高 12.2 厘米　最宽 15 厘米

盒式,平面略呈椭圆形,碗身为人头骨制成,头骨边缘包裹铜边并嵌松石等饰物,盖为铜制,金刚杵为钮,盖身上饰八吉祥图案及卷草纹。

铜佛范　　清代

高 5.35 厘米　座长 6.4 厘米　宽 1.3 厘米

长柄,平面略呈舟形,范口深峻。

鎏金铜龙纹带钩　　*清代*

长 7.1 厘米　宽 1.7 厘米

黄铜质鎏金,蘑菇形钮座,龙身为钩身,龙首作钩,龙身背负小螭,螭身扭曲,龙、螭作对视状,寓意"苍龙教子"。

刘海砍樵铜立像　　清代

高 31.3 厘米　底径 12.8 厘米

人物圆脸,发挽束于头顶,背微躬,腰系带,着及膝短裤,穿草鞋,右手于胸前作握绳状,背后柴束以绳缠系。

错金蜻蜓蝴蝶纹铜瓶　　　清代

高 22.8 厘米　口径 8.5 厘米　底径 7.85 厘米

黄铜质,腹部錾刻湖石、兰花、蜻蜓、蝴蝶,兰花与蜻蜓等部位使用错金工艺。

仿明宣德铜香炉　　*清代*

高 17.3 厘米　口径 21.9 厘米　腹径 25.1 厘米

双桥耳,鼓腹,三足,"大明宣德年制"底款。

铺首耳簋式铜炉　　清代

高 7.45 厘米　口径 14.4 厘米　腹径 16.25 厘米

黄铜质,敞口,短颈,鼓腹,圈足,双铺首耳,"大明宣德年制"底款。

雕八宝纹三足铜香炉　　　清代

高 7.45 厘米　口径 10.5 厘米　腹径 11 厘米　底径 8.8 厘米

鼓形座身,鼓钉突起,腹部饰八吉祥图案,三兽足。

兽形铜炉　　*清代*

通高 14.8 厘米　口径 5.4 厘米

兽有角，大口，突目，四足，兽头为炉盖，口部与嘴角为出烟孔。

仿宣德鎏金铜象钮熏炉　　清代

通高 19.5 厘米　口径 10.5 厘米

卧象钮，盖身镂空饰缠枝花卉纹，斜腹上施缠枝花卉纹，三象首足，鎏金。

铜胎掐丝珐琅龙纹杯　　　清代

高 5.4 厘米　口径 7.15 厘米　底径 3.3 厘米

斜腹，圈足，杯内施蓝彩，外腹部饰云龙纹，器身使用了黄、黑、蓝等色珐琅彩料，色彩艳丽。

錾八仙人物纹银饰　　明代

高 4.1 厘米　宽 2 厘米

由银片锤揲而成，人物立姿，表情各异，各执法器，脚踏祥云。

金蟾形银佩饰　　　清代

通长 25 厘米

　　金蟾三足,匍匐状,背部錾刻鳞片状突起,金蟾圆目高额,腹下錾刻北斗七星图,口部有银链相连,足部连坠有坠饰,局部施珐琅,制作尤为精美。

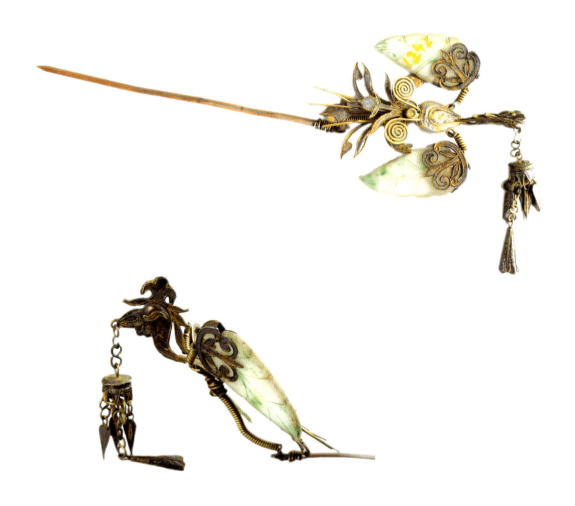

镶翠凤首银簪　　清代

簪枝长 10.3 厘米　通长 17 厘米

银鎏金簪体局部施珐琅,镶嵌翠片为翅膀,簪体细长,凤首上连接烧蓝坠饰。

白玉雕蟠螭钮诗文牌　　清代

长 7 厘米　宽 3.8 厘米　厚 1.6 厘米

上端雕螭龙钮,牌身方形,上刻诗文"赵氏连城璧,由来天下传,送君还旧府,明月满前川",另一面刻江崖海水纹。

透雕寿字龙纹玉牌　　　清代

直径 6.1 厘米　厚 0.3 厘米

淡青色,略呈圆形,器身扁平,中心镂雕"寿"字,主体纹饰为线刻龙纹、连珠纹。

翡翠扳指　　　清代

直径 3 厘米　　高 2.5 厘米　　孔径 2.2 厘米

环形,冰种翡翠质地,局部飘阳绿。

青白玉雕"耄耋"意摆件　　　清代

高 3 厘米　宽 4.9 厘米　长 5.2 厘米

和田玉质,圆雕双猫戏蝶,双猫首尾相顾状,玉质细腻,雕工精湛。

青白玉雕双蝶形饰件　　清代

长 7 厘米　宽 5 厘米　厚 1 厘米

和田玉质,镂雕两只蝴蝶作相对飞翔状,蝴蝶宽翅、长触须,并以阴线雕其细部。

翠雕"苍龙教子"纹带钩　　　清代

长 11.5 厘米　宽 2.4 厘米　厚 2 厘米

圆形钮座,龙体作钩身,龙首呈回望状,上面背负小螭,螭身用阴线刻划身体细部。器身局部飘阳绿。

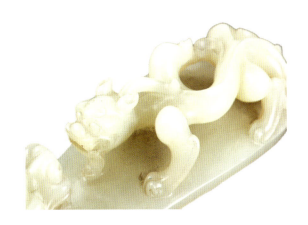

白玉雕"苍龙教子"纹带钩　　　清代

长 13 厘米　宽 3.6 厘米　厚 3 厘米

白玉质,圆形钮座,钩身雕苍龙背负小螭,龙回首,小螭身略弯曲呈游走状。

蟠螭纹青玉璧　　清代

璧呈圆环形,中有圆孔,璧身上雕一螭,螭回首扭身作回望状,以阴线雕刻螭身细部。

白玉佛手雕件　　清代

长 5 厘米　宽 2.7 厘米
厚 1.8 厘米

圆雕作品,和田白玉质地,玉质细腻洁白,雕工精湛。

青玉鹿纹挂件　　清代

高 7.3 厘米　宽 3.09 厘米　厚 2 厘米

青玉质,一端有一椭圆形系挂孔,方形器身,镂雕树木与一只立姿回望的鹿。

蟠螭纹青玉璧　　　清代

直径 15.5 厘米　厚 1.6 厘米

青玉质，一侧浮雕三只矫姿
游走的螭龙，另一侧浮雕蒲纹。

诗文梅花白玉瓦子　　　清代

长 8.1 厘米　宽 6.3 厘米
厚 0.9 厘米

白玉质，略呈椭圆形，一面扁
平，一面正中雕刻一株梅树，梅树
斜卧状，枝头梅花或盛开或含苞
待放，左上方阴刻楷体诗文御题
梅花诗："斜掠一条水……直是佛
心灯"。

青玉兽形水盂　　清代

长 7.3 厘米　宽 4.4 厘米　厚 3 厘米

青玉质,瑞兽蹲伏状,背开圆孔,内部掏空,兽口部开小孔为出水口。

珊瑚雕龙首银簪　　清代

簪长 21.2 厘米　簪枝长 17.3 厘米

龙首簪头，阴线雕刻龙头细部，龙张口，怒目，鬃毛卷曲，银簪枝。

雕喜鹊登梅纹珊瑚首银簪　　清代

通长 19 厘米　簪枝长 16 厘米

珊瑚呈朱红色，雕刻喜鹊、梅花及其他花卉图案作为簪首，银簪枝。

珊瑚雕凤首银簪　　　清代

通长 19.7 厘米　枝长 14 厘米

珊瑚呈朱红色,圆雕凤鸟立于竹枝之上,银簪枝。

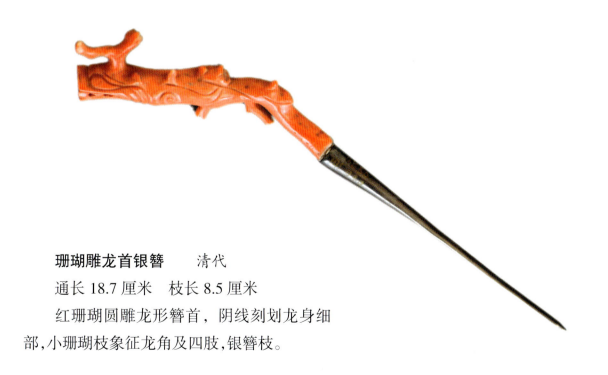

珊瑚雕龙首银簪　　　清代

通长 18.7 厘米　枝长 8.5 厘米

红珊瑚圆雕龙形簪首,阴线刻划龙身细部,小珊瑚枝象征龙角及四肢,银簪枝。

珊瑚狮子雕件　　　清代

高 1.6 厘米　长 2.1 厘米　宽 1.5 厘米

珊瑚圆雕作品。狮子立姿,方头,四肢粗短,尾毛上卷至背部,背上钻有穿系孔。

青田石花插　　清代

高 10 厘米　宽 11.2 厘米

白色石质,瓶状插座,中心位置镂雕一花枝,花枝弯如虹桥。

青田石花插　　清代

高 18 厘米　宽 16.6 厘米

褐色石质,器身上镂雕一枝牡丹花,瓶形插座。

青花釉里红人物故事图鼻烟壶　　清代

高 8.7 厘米　口径 1.4 厘米　腹径 5 厘米　底径 2.6 厘米

小口,圆唇,直腹,圈足,腹部绘青花釉里红人物故事图,一人于城楼上向下观看,数人立于城墙下,其中一人跃马持枪做进攻状,"大清雍正年制"青花款识。

薛少甫款水晶内画鼻烟壶　　清代

高 8.5 厘米　口径 1.4 厘米　腹径 3.2 厘米　底径 3 厘米

直口,斜肩,直腹,平底,内腹部绘山水人物图,一人骑于驴背作回顾状,另有一人左手夹物行于其后,壶上方书"马上得意"及"□在□子三月薛少甫"。

玛瑙鼻烟壶　　清代

高 10 厘米　口径 3.1 厘米　底长 4.9 厘米　宽 2.9 厘米

直口,短颈,扁身,双铺首耳,矮圈足,盖上嵌绿松石及珊瑚。

雕"三多"图白玉烟壶　　清代

高 5.2 厘米　口径 1.9 厘米

白玉质，短颈，扁身，平底，壶身一侧浮雕佛手、桃子、石榴图案，寓意"多子、多福、多寿"。

玛瑙巧雕"立鹰"图鼻烟壶

清代

高 5.8 厘米　口径 2.3 厘米

底长 4.2 厘米

直口，扁身，矮圈足，壶身一侧局部为黑色，恰似一只雄鹰立于石上，鹰首呈回望状。此立鹰图形神毕肖，栩栩如生。

青花釉里红对弈图烟壶　　　清代

高 5.5 厘米　口径 1.6 厘米　底径 2.2 厘米

白瓷胎,短颈,扁身,圈足,壶身绘二人对弈图。二人戴冠着长衫盘腿而坐,中间置棋盘,二人神情专注,正在执子对弈,旁边另有一人倚石而坐,整幅画面构图饱满,人物形神兼备,充满情趣。

玛瑙巧雕莲鹭图鼻烟壶　　清代

高 5.5 厘米　口径 1.9 厘米　底长 3.1 厘米　宽 1.8 厘米

玛瑙质地,运用玛瑙俏色在壶身上浮雕荷花、白鹭,寓意"一路连科"。

白套蓝料鼻烟壶　　清代

通高 7.9 厘米　口径 1.8 厘米　腹径 3.3 厘米　底径 2.1 厘米

短颈,丰肩,矮圈足,白料壶身上套蓝料并浮雕云龙纹。

"鹤鹿同春"纹套料鼻烟壶　　　清代

高 8.4 厘米　口径 1.5 厘米　底长 3 厘米　宽 2.2 厘米

直口,短颈,扁身,圈足,以黑、白两色料浮雕山石、松树,一侧树下雕刻梅花鹿,另一侧雕一只曲颈振翅的仙鹤,寓意"鹤鹿同春"。

松陰鳴琴圖

野色通橋西

細遂而禊青襖吟來了又随

重重綠樹護清溪想見知音詩

全御製題畫詩

臣董誥敬書

弍時来合杷六法喜兼

景籟關民大畫成石田

近清聽天水遠澄鮮肖

怒起其根迸石泉宮商

斉卿寧听欲叠嶂忽

蘊鷗鷗浴木一自狂耳

沙渚曲絕無人跡尋祇

與屬因思百年上野深

玉而泉豈知然姿名人

循除深鳴泉比兩琴日

御製題畫詩

臣梁國治敬書

王石谷款《松荫鸣琴图》松荫鸣禽图手卷　　　清代

纵 35 厘米　横 355 厘米

纸本设色山水手卷。画右首以行书题名"松荫鸣琴图",之后以隶书写诗文"循除淙鸣泉……"诗尾书"御制题画诗",落款"臣梁国治敬书",又有行书诗文一首"重重绿树护清溪,欲觅知音……"落款"臣董诰敬书"。画面以水墨描绘远山、丘壑、树木、溪流,局部以淡色绘树木、人物。王翚是清初六大家之一,其独创的"凿斫条索皴"使山石充满质感,整幅画呈现出清润飘逸的面貌,画右上方有"古希天子"、"三希堂精鉴玺"钤印,左上方落款"接松雪翁"、"王翚",钤印为"王翚之印"和"石谷子"。画后行书诗文;"遇雨飞泉……"落款"和硕荣纯亲王、皇五子永琪敬书"。

缪素筠蝴蝶横幅　　　清代

纵 54 厘米　横 169 厘米

絹本设色,绘彩蝶飞舞,淡彩晕染花草,落款"滇南女史缪素筠"。缪嘉蕙,字素筠,工花鸟画,作品秀逸清雅,曾任福昌殿供奉,长期为慈禧太后代笔。

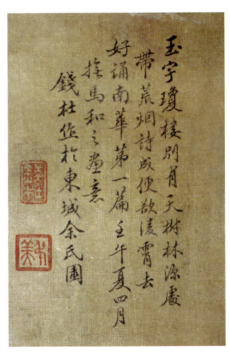

钱杜设色山水人物立轴　　　清代

纵 62.4 厘米　横 35 厘米

绢本设色。画法幽明秀细，绘山水高士图，远处奇峰高耸，清流旁树木翁郁，又有楼阁人物。画心右上方题诗"玉宇琼楼别有天，树林源处带荒烟，诗成便欲凌霄云，好诵南华第一篇"，落款"钱杜作于东城余氏园"。

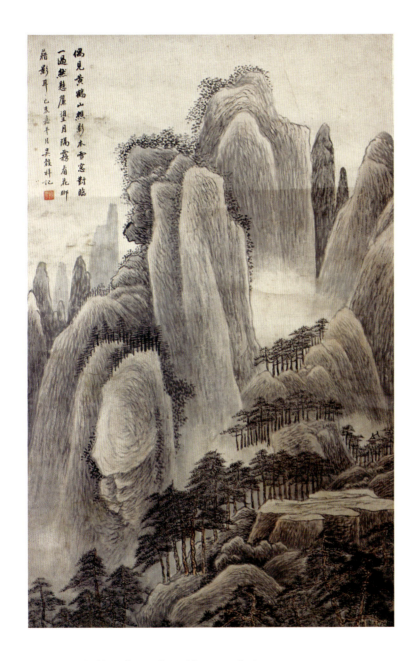
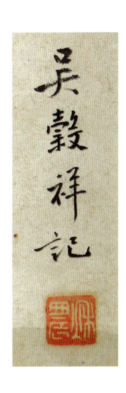

吴谷祥设色山水立轴　　清代

纵 106 厘米　横 39.5 厘米

纸本设色。远山突兀,近外山势稍缓,青松挺拔。画上题诗"偶见黄鹤山樵影……"并落款"乙亥嘉平月吴谷祥记"。

胡开文制龙凤纹墨条　　　清代

高 17.8 厘米　边长 2.7 厘米

六棱形,金彩描绘龙凤纹,手书"龙翔凤舞"、"胡开文监制"字样。

雕龙木箱　　清代

长 34 厘米　宽 29.5 厘米　高 38 厘米

箱体呈方形,箱体表面雕刻四瓜龙纹,箱门为双开并浮雕腾空而起的飞龙,箱内有四个小抽屉,合页等部件均为铜质。

深山访友图剔红盒　　　*清代*

高 4.4 厘米　长 11.2 厘米　宽 8.7 厘米

盒体平面略呈椭圆形,盒盖上剔刻远山、树木,树下两位老者相对而立,一人右手提着装满菜疏的篮子,左手向外侧伸展;另一人袖手而立,似乎正与前者攀谈。

民　　国

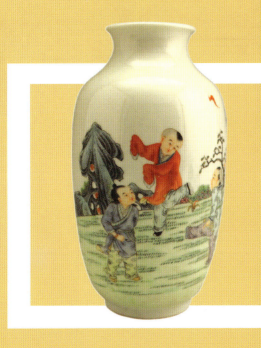

　　中华民国(1912-1949)时期是我国文物、博物馆事业起步时期,同时也是政局混乱、民生凋敝、外敌入侵的阶段。"九·一八"事变之后,日本帝国主义疯狂掠夺阜新煤炭资源,给阜新人民带来了深重灾难。这一时期的社会经济受到强烈冲击,传统工艺日渐凋零,并走向衰落。因此,这时的手工艺品大多粗率,与前朝的精工细做不可同日而语。即便如此,由于一些新技术的运用,还是涌现出一些创新品种,留下了这一时期特殊的时代印迹。

　　本馆民国时期的器物种类丰富多样,如字画、鼻烟壶及各种民俗文物等,都带有明显的时代烙印、浓厚的生活气息。这些藏品体现着民国时期制作工艺的风采,映衬出当时民俗风情和文化特色,对研究民国时期历史的演变及发展轨迹有着重要的现实意义。

新彩弥勒佛像　　　民国

高 28.5 厘米　底长 25.5 厘米　宽 19 厘米

弥勒头硕大,袒胸露腹,绿僧袍,左手捻佛珠,右手捉衣角,坐姿,五小童攀附佛身之上,弥勒与小童皆呈喜悦之态。

朱茂盛造新彩弥勒佛　　　民国

高 19.3 厘米　座长 15.5 厘米　宽 10.5 厘米

弥勒光头,大腹,坐姿,五小童或立或卧于弥勒身上,有的抚头,有的摸腹,弥勒嘴微张,面含笑意,底部有"朱茂盛造"戳记。

粉彩人物故事图瓶　　民国

高 19.3 厘米　口径 5 厘米　腹径 8.5 厘米　底径 5.2 厘米

盘口,束颈,器身上施白釉并绘粉彩人物故事图:有一人端坐于几后,旁一人侧立手捧书籍,几前一光头长衫人物侧立,"大清乾隆年制"款识。

洪宪御制粉彩婴戏纹灯笼瓶　　　民国

高 21 厘米　口径 6.7 厘米　腹径 11.7 厘米　底径 6.7 厘米

短颈,深腹,圈足,腹部绘五童嬉戏图,有三童立于一处,其中二人作耳语状,另有一童跷足而立,画面中心一小童正在踢毽子,人物、湖石、树木绘制精细,"洪宪卸制"底款。

豇豆红釉柳叶瓶　　　民国

高 15.5 厘米　口径 3.7 厘米　腹径 4 厘米　底径 1.8 厘米

撇口，细颈，丰肩，圈足，内施白釉，外施豇豆红釉，局部现绿色彩斑。

铜胎掐丝珐琅盖盒　　　民国

通高 3.6 厘米　口径 5.6 厘米

圆形,子母口,器身施蓝彩,盖中心装饰一株白菜,白菜上卧着一只细足长须的螽斯。因使用多种珐琅彩料,画面层次分明,色彩丰富。

折沿银盆　　民国

高 10 厘米　口径 38.5 厘米　底径 18 厘米

敞口,折沿,斜腹,平底,底有戳记"北京""劝业场""足银"。

錾花卉纹银碟　　民国

高 2.2 厘米　口径 9 厘米　底径 5.7 厘米

敞口,浅腹,圈足,腹内錾刻花卉。

铜胎掐丝珐琅番莲地开光云龙纹盖罐　　民国

口径 15.5 厘米　腹径 26.5 厘米　底径 13.1 厘米

帽形盖,水滴形钮,罐直口,鼓腹,圈足,器身双开光绘龙纹,其余位置绘宝相花纹。

玉雕执莲童子　　民国

高 4.9 厘米

童子面含笑,身微躬,右手侧握一枝莲,左手屈于胸前。

翠首银簪　　民国

通长 12.7 厘米　枝长 9 厘米

淡青色翡翠簪首,银簪枝。

岫玉狮子摆件　　民国

高 9 厘米　长 12.8 厘米

狮张口,怒目,四肢健壮呈行走状,狮头部毛发卷曲凸起。

翡翠南瓜型雕件　　　民国

直径 4 厘米　厚 2.55 厘米

器身呈扁圆形,阴线雕刻瓜瓣,瓜上浮雕一片瓜叶,瓜身呈淡青色,瓜叶为红褐色,雕工精湛,浑然天成。

青玉巧雕翎管　　　民国

高 6 厘米　直径 1.8 厘米

　　管身筒状中空,一侧有环,管身上雕刻一只扭身回首的螭龙,螭龙口中衔着如意,龙身呈红褐色,其余部位呈青色。

龙纹白玉镯　　民国

直径 7.4 厘米

圆环状, 雕双龙头相对, 以阴线雕刻龙头局部特征, 镯身其余部位雕刻成椭圆形珠状。

白玉雕灵芝纹带饰　　民国

长 5.3 厘米　宽 2.7 厘米　厚 1.1 厘米

上有小环, 器身方形中空浮雕灵芝。

珊瑚狗　　　民国

长 2.6 厘米　宽 1.2 厘米

狗呈俯卧状,狗耳耷拉,尾部较短,狗的头部与身体大部呈红色,口鼻及四肢为白色,狗的表情憨态可掬,让人忍俊不禁。

"三羊开泰"雕瓷烟壶　　　民国

高 6.6 厘米　口径 1.5 厘米　底长 2.2 厘米　宽 1.5 厘米

镶翠铜盖,壶白瓷胎,小口,扁身,矮圈足,一侧浮雕三羊,另一侧雕祥云纹。

玛瑙巧雕四马鼻烟壶　　　民国

高 9 厘米　口径 2.6 厘米　腹径 5.5 厘米　底径 4.3 厘米

半圆形铜盖,壶身呈灰白色,直口,扁身,矮圈足,腹部一侧浮雕四马,马姿态各异,或昂首阔步,或低首徐行,充满动感。

套料螭纹鼻烟壶　　　民国

高 5.4 厘米　口径 1.3 厘米　底长 2.3 厘米　底宽 1.9 厘米

小口, 双耳, 圆腹, 矮圈足, 腹部饰蟠螭纹, 螭身盘曲, 螭首向上, 螭的上方饰一只蝙蝠。

雕瓷龙凤纹鼻烟壶　　民国

高 7.2 厘米　底长 1.6 厘米

壶为白瓷胎,小平底,壶身上、下各雕一周如意云纹,主题纹饰为龙、凤纹,壶盖铜质镶嵌红珊瑚。

白套多色料荷塘鸳鸯图鼻烟壶　　　民国

通高 8.4 厘米　口径 1.6 厘米　腹径 4.7 厘米　底径 2.4 厘米

小口,直颈,溜肩,扁身,矮圈足,腹部饰莲、蒲、鹭鸟图案,绿、黄、蓝等多料套色,铜镶红珊瑚壶盖。

后　记

　　"前人栽树，后人乘凉"——这出自明朝胡文焕《群音类选·清腔类·桂枝香》的一句话，自编著此书以来，此句对编者而言尤为恰当。

　　从 1995 年阜新市博物馆建馆，直到本书出版发行，已过了二十余载春秋。每每想至此，编者不由想起为阜新文博事业特别是为阜新市博物馆一路栉风沐雨、筚路蓝缕、兢兢业业、默默耕耘的前辈们。因为本精萃收录的藏品，正是阜新市博物馆人多年来共同努力、呕心沥血的结果。

　　阜新市博物馆文物藏品丰富，包括石器、陶瓷器、玉器、铜器、书画、碑志等十二个门类，其中玉器、陶瓷器、碑志类为馆藏特色。《阜新市博物馆文物精粹》一书是继《阜新文物》后，一本较为系统介绍我馆馆藏文物的书籍。本书按时代排序，分为新石器时代、青铜时代、汉唐、宋辽、金元、明清、民国等七个部分，收录馆藏文物 350 余件（套），为增加本书的学术性，有些具有代表性的文物还配以细节图及拓片等补充说明。

　　此书的编纂，从初始阶段到修改、定稿、出版发行，都得到了阜新市博物馆胡健馆长的支持，使编者获益匪浅。他提出了很多有益且诚恳的意见，并欣然为本书作序，在此表示衷心感谢！夏晨光为本书完成大量碑刻拓片，在装帧设计方面得到陈振银先生的大力支持。同行、友人为本书出版作出的贡献，在此一并感谢。在行文过程中，编者意识到更应感谢那些曾经发现、捐献文物，却没有留下姓名的，那些淳朴善良的人们！

　　本书展现于各位读者面前的，仅仅是阜新市博物馆馆藏的部分文物，由于编者水平有限，书中在断代、描述和认知上难免出现一些差错和问题，殷切地希望诸位给予谅解和指正。

编　者

2017 年 2 月 13 日